PEARSON

人生法则系列译丛

Richard Templar

THE RULES OF PARENTING

养育的109条
黄金法则

（英）理查德·坦普勒 著　　苗欣 戴欣 李季 译

东北财经大学出版社
Dongbei University of Finance & Economics Press　　大连

辽宁省版权局著作权合同登记号:图字 06-2013-297 号

Authorized translation from the English language edition, entitled The Rules of Parenting, 2E, 9781447929499 by Richard Templar, published by Pearson Education, Ltd, Copyright © 2013.

All rights reserved. No part of this book may be reproduced or transmitted in any form or by any means, electronic or mechanical, including photocopying, recording or by any information storage retrieval system, without permission from Pearson Education, Ltd.

本书翻译版由培生教育出版集团授权东北财经大学出版社独家出版发行。此版本仅限在中华人民共和国境内(不包括中国香港、澳门特别行政区及中国台湾)销售。未经授权的本书出口将被视为违反版权法的行为。未经出版者预先书面许可,不得以任何方式复制或发行本书的任何部分。

图书在版编目(CIP)数据

养育的 109 条黄金法则 / (英)坦普勒(Templar,R.)著;苗欣,戴欣,李季译. 一大连:东北财经大学出版社,2015.1
(人生法则系列译丛)
ISBN 978-7-5654-1725-2

Ⅰ.养… Ⅱ.①坦… ②苗… ③戴… ④李… Ⅲ.家庭教育-通俗读物 Ⅳ.G78-49

中国版本图书馆 CIP 数据核字(2014)第 264604 号

东北财经大学出版社出版发行
  大连市黑石礁尖山街 217 号 邮政编码 116025
  教学支持:(0411)84710309
  营 销 部:(0411)84710711
  总 编 室:(0411)84710523
  网   址:http://www.dufep.cn
  读者信箱:dufep@dufe.edu.cn
大连图腾彩色印刷有限公司印刷

幅面尺寸:140mm×210mm 字数:176 千字 印张:11 3/8
2015 年 1 月第 1 版   2015 年 1 月第 1 次印刷
责任编辑:李 季   责任校对:刘咏宁
封面设计:冀贵收   版式设计:钟福建
定价:38.00 元

前 言

很多人都是第一次为人父母，它是对你的精力、勇气、情绪，以至于心智的考验。刚开始，你学着换尿布，给宝宝洗澡，但不久你就会发现挑战才刚刚开始。等到孩子长大一点了，新的挑战又摆在你面前。从蹒跚学步、上小学，到交往异性朋友、学习开车等，永无止境。幸运的是，你也能从中享受到乐趣、拥抱，还有孩子们对你的爱。如果够幸运的话，最终你甚至能赢得孩子们的感激。看着他们一天天长大，他们会成为你的骄傲。

在孩子们的成长过程中，为了使他们成为一个幸福快乐、均衡发展的人，你不得不上下求索，谨言慎行。这其中的失望、担心、困惑乃至心灵的探索都是在所难免的。这正是这本书所要讲的内容。

幸运的是，无数人在你之前已经为人父母，在不断地尝试和失败中，他们中的一些人悟出了一些道理，这些道理或许可以供你参考。在近30年中，我亲历了两个家庭，两次为人父母，这一方面意味着我有机会犯下多数人都会犯的错误。同时，也意味着我有机会通过我的朋友以及我孩子的朋友，观察其他家庭，了解其他父母的做法，这是一个有无穷乐趣的研究过程。

　　有些父母似乎天生就是做父母的料，而其他父母则可能会犯错误，但在某些事情的处理上又显示出他们的真知灼见。如果你仔细研究其他父母，你会发现，在为人父母的过程中确有一些窍门，这些方法、技巧和行为准则往往可以在孩子们身上产生非常好的效果，而且适用于不同个性的孩子。本书正是对这些方法和准则的提炼，它将引领你走过艰难岁月，跟孩子一起学习和成长。

　　本书不是出乎预料的启示，它只是一种提醒。其中很多法则都是常识，但面对一个任性的两岁孩子，或者一个以自我为中心的轻狂少年时，父母很容易忽视这些常识，所以，即便是看起来显而易见的东西也值得强调。毕竟，为人父母是非常重要的工作。

　　109 条法则看起来有点多。但随后你会发现 18 年是一个很长的工作合约。如果你有不止一个小孩，那就不止 18 年了。孩子要经历断奶、蹒跚学步、牙牙学语、读书求学、交朋友、性爱、毒品以及摇滚乐。实际上，109 条法则并不算多。

　　在我看来，父母是否称职看看他们的孩子便一目了然。有些孩子因为种种原因，一段时期内过着倒霉的日子，虽然这不能完全归咎于他们的父母，但我发现，一旦孩子离开家，在他们身上能看出他们父母的影子。看着那些自力更生、懂得享受生活，并能让周围的人幸福的孩子，那些善解人意、坚持自己信念的孩子，我知道他们的父母也一定很优秀。我很清楚父母是如何能在 18 年中造就出这样的好孩子。

想到为人父母所肩负的巨大责任或许还会令你裹足不前，甚至喘不过气来，因为你的言行将对孩子产生巨大的影响，它将决定他们的生活是糟透了还是一帆风顺。不过也有好的一面，那就是，如果你现在能把一切考虑清楚，比如要读完这本书，然后你会开始克服自身的弱点，改掉坏习惯，同时汲取新的更有裨益的做法。

虽然在养育孩子的过程中有很多错误的做法，但其中也不乏很多正确的做法。本书中的一些法则一定适用于你和你的孩子。除非你想要孩子最终失败，否则你不必完全遵从所有的法则。很多父母以各种独创的、与众不同的方式成功地阐释了这些法则。关键是领悟其精髓，而不是生搬硬套。例如，有的父母在家亲自教育孩子，有的将孩子送到了当地的综合性学校，还有的则让孩子在学校寄宿，他们都是伟大的父母。无论哪种方式，只要你的观念是正确的，其他的都是水到渠成的事。

我们不可能在 18 年中每时每刻都谨记这 109 条法则。据我所知，即便是那些最好的父母，也会不时犯些小错误。但是，他们始终知道自己犯了错误，这非常重要。认识到自己错在哪里，然后努力避免重蹈覆辙。任何人所能要求的也不过如此了。从我抚育孩子的经验来看，这就已经不错了。

需要强调的一点是，书中没有一条法则要求你必须给孩子虔诚地梳头，或要求你保证孩子每天的袜子都是干干净净的。可以肯定，这些都是好的习惯。但我看到过一些父母，他们的孩子出类拔萃，但头发却是乱蓬蓬的，或者根本不穿袜子。

书中的法则是关于你的孩子的人生态度、价值观以及自我形象的问题，而不是他们的袜子。这些法则将帮助你和你的孩子相处融洽，享受生活，尊重他人。它们是广义上的原则，无论对于传统家庭，还是现代家庭，如单亲家庭或重组家庭都适用。

除了这 109 条法则，其实还有很多法则需要遵循。本书的这些法则只是在我看来最重要，我非常愿意倾听大家的意见，希望收集到更多为人父母的法则，如果读者有任何好的建议，欢迎登录我的 Facebook 网址：www. facebook. com/richardtemplar。

理查德·坦普勒

目　录

保持理智篇

本书分为 10 篇，让我从保持理智的法则谈起。说穿了，如果父母连这点都办不到，那么其余的 99 条法则，根本就毫无意义。

如果你是初次做父母——或即将晋升为人父母——我不想传递错误信息，让你误以为做父母的首要任务是保持理智；以为接下来的 18 年，你要努力使自己保持神志清醒。其实压根儿就不是这么一回事。父母只要在某些特定时刻，注意让自己保持理智，不要抓狂。这种时刻可能极少出现，但是，当我说凡为人父母者都会经历这种时刻时，请你相信我。坦白说，有时候即使是最懂得遵循养育法则的父母也会遭遇这样的挑战。

关键是，如果你能保持理智，那么你将享受到更多的乐趣。保持理智，不仅是你的必须，也因为儿女需要理智的父母。

　　熟悉这些养育法则后，你会发现，这不过就是几项在你想对孩子大吼大叫时，能帮助你保持清醒的原则。

1 放轻松，别急着把孩子改造成小大人

在你认识的人中，谁是你所认定的最好父母？是那些有着近乎直觉的能力，能调教出快乐、有自信、在各方面均衡发展孩子的父母吗？你有没有想过，为什么他们如此游刃有余、善尽父母之职？现在，再想想私底下你觉得不怎么样的父母。他们为什么办不到？

我认识的模范父母有个共同的相似之处：他们对为人父母这件事，感到轻松自如。而那些顶糟糕的父母则过度执着于某些事情。也许他们并非对自己做父母是否称职感到有压力（也许他们应该思考这一点），但是他们对某些事情的执着，影响他们成为真正称职的父母。

我认识几个父母，他们有神经质的洁癖，即使儿女的鞋子很干净，也必须在家门口把鞋脱掉，要不然就会天下大乱。如果孩子乱丢

东西，没把东西归位，或是把物品弄乱，即使事后清理干净，也会让他们紧张兮兮。这样一来，要是孩子的衣服留下草地的污痕，或是孩子打翻番茄酱的瓶子，也会搞得孩子没办法放松心情，享受快乐。

我还有一位朋友，有着强迫性的竞争意识，导致他的孩子常常处于必须赢得所参加过的每一场友谊赛的巨大压力下。还有一位朋友，每次孩子擦伤膝盖，他就反应过度。我敢打赌，你也可以在你的朋友间，找出很多类似的例子。

相反，我所遇过的那些很棒的父母，他们早料到孩子会吵闹、制造肮脏，孩子爱活蹦乱跳，会彼此争吵、发牢骚，也会把自己搞得灰头土脸。但是他们从容以对，不温不火，知道自己有 18 年的时间，把这些小毛头改造成彬彬有礼的成人。他们不急着把孩子改造成小大人——假以时日，丑小鸭将会长成白天鹅。

私下来说，虽然有些人永远无法像真正遵行养育法则的父母那样，对法则驾驭自如，但是随着时间的推移，这些养育法则会变得越来越容易。相较于最后离巢的那个年轻人，很难完全轻松对待第一位降临家中的宝宝。对于婴幼儿，父母应该把注意力放在满足孩子的基本需求上——养育一个不至于饿过头、不会太不舒服的健康宝宝，其

余的事，就不要过分在意。如果尿布没有包对，还是有一天没时间帮
宝宝洗澡，或者周末外出度假时，忘了带奶瓶（是的，我有一位朋
友就做过这种事，然而作为一名遵循养育法则妈咪，她没有因此而惊
慌失措）。

　　如果每天临睡前，做父母的能敲起二郎腿，端起酒杯（别误会，
我并非鼓励家长利用酒精麻醉自己，我只是请家长要放轻松点）欣
然地告诉对方："亲爱的，别想太多……孩子们都还过得不错，我们
多少做对了几件事吧。"

**　　他们从容以对，不温不火，知道自己有 18 年的时
间，把这些小毛头改造成彬彬有礼的成人。**

2　人无完人，天下没有零缺点的父母

　　你有没有想过，拥有完美的父母会是什么样子吗？我们现在就来想想。想想父母在你成长的过程中，完美无瑕，无懈可击（我敢打赌，你的父母并不完美）。想想他们是模范父母——你的母亲永远是对的。听起来好像很不错？当然不！

　　你瞧，在孩子的成长过程中，需要有发泄的管道。孩子需要有可怪罪的对象，而不巧的是，我想那正是家长的任务。所以，何不提供孩子一些可以怪罪父母的把柄呢？

　　那么孩子有哪些事可以怪罪父母呢？当然不能是冷酷无情或是有暴力成分之类的理由——父母要选择一些说得过去，并且合乎人情的理由。也许你的耐性较一般人欠缺？也许你常给儿女太多压力？或者你可能对保持整洁一事有点神经质？要我说，更好的方法是，父母根

本无须烦恼取舍的问题，就照着自己不完美的本性，那就无须烦恼了。最可能遇到的状况是，父母本身就有一两项性格上的缺点，时候到了，你自然就会明白了。

当然，这并不意味着你解脱了，可以不加约束，无须努力学习教养儿女的技巧。别的理由不说，这不就让本书成为多余了吗？其实这只代表，在父母达不到自己所设定的标准时，无须过度自责。说穿了，如果父母自己无法接受失败，即使那只是个小小的挫败，如此一来，这会为孩子做出什么榜样呢？我可不敢梦想自己会成为完美父母，我也不认为你的孩子会喜欢你是零缺点。

孩子一定会对父母有所不满，因为这是人之常情。即便父母几乎完美无缺，孩子仍然找得到对你不满的理由，你赢不了他们的。父母只能期盼，终究会有一天，尤其是等孩子为人父母后，他们会发现，他们应该感谢你并不那么完美。

孩子一定会对父母有所不满，因为这是人之常情。

3 懂得满足，不要给孩子太大的压力

满足的父母才会培养出满足的孩子。我在成长的过程中就发现压力太大的父母是无法让自己的孩子感到轻松自在的。因此，你应当尽量让自己感到快乐和放松，这是不无道理的。但这并不是说每次在你暴跳如雷或闷闷不乐时应当感到内疚。完全不是这样。实际上正相反，我们的孩子们需要学会读懂别人的情绪，需要意识到每个人都有情绪低落的时候。我们都有不顺心的日子和糟糕的经历，这会影响我们的情绪，但有些事情是我们可以控制的。我们的生活中有些事情是可以选择的，做出适当的选择会让我们更开心。某些选择会让我们的压力得以减轻，这本身就是做出这一选择的充分理由。我这里说的并非日常的情绪波动，而是指那些能够在较长时期减轻压力水平的重大决策。

因此，如果母乳喂养宝宝让你感到不快，即使你咬牙坚持也仍然觉得压力太大，那么无论别人会怎么说，选择喂奶粉也许是给宝宝帮了个大忙。当然，奶粉可能比不上母乳，而且在理想的情况下母乳喂养的确更好，但是这个世界上没有那么多理想的情况，而这也只是问题的一个方面而已。有时喂奶粉才是制造快乐宝宝的配方（对不住，忍不住又这么说了）。

这里还有一个例子。有些家庭认为在国外度假是让人很有压力的事，在我看来，这是完全可以理解的。的确，度假就是要让人放松，你会感到你"理应"去享受假期，但实际上假期从来都不是那么让人愉快。我曾经看到有人将其描述为"到另一个地方去玩命工作"。所有的东西都要费力整理好，因为不知道目的地的状况而必须采购各种物品并运送过去，可能会有磕磕碰碰，要和坐立不安的小孩子度过漫长的旅途，到了目的地后孩子们无法适应巨大的温差，乱发脾气，什么东西都不愿意吃……这与全家一起享受快乐时光的愿望相去甚远。那么，干嘛不让自己放松一下呢？在国内找个地方去度假。这个地方可能没有异国情调，但如果这意味着你可以更加放松，能够欢度假期，难道这对大家不是都好吗？当孩子们大一些以后，你可以再考虑到海外度假。

　　最后要说明的是，你的情绪和育儿方法、家庭生活同等重要，甚至更加重要。所以在你做出选择的时候，不要感到内疚。如果这样做能够让你感到更加放松，减少压力的话，那么这就是正确的事情——无论它是什么。

你的情绪和育儿方法同等重要。

4　无须十项全能，发挥自己的长处与孩子分享

当我大儿子还小的时候，我总是很嫉妒那些能花上好几个小时和孩子一起踢足球的爸爸。我对自己只能偶尔心不在焉地和孩子一起玩球感到惭愧，但踢球的确不是我擅长的。

不只这样，有些朋友在后院为孩子搭建美轮美奂的树屋（"爸爸，为什么我们自己不能拥有一个像他们那样的树屋呢?"）。还有，那些每次为孩子开派对时，能想出复杂有趣的寻宝游戏的妈妈们。有一位妈妈，和我一样，每星期送女儿上芭蕾舞课，她看起来乐在其中。类似的例子，不胜枚举。

你大概已经比我先想到了，那个时候我在意的是，别人能而我却办不到的事情。但是其实我也能做许多他们办不到的事——就是那些我自己不以为然的事，实际上也同样有价值。

　　例如，我喜欢读书给孩子听，我是个十分外向的人（好吧，这
种说法有点自我吹捧）。我酷爱花大把时间，为孩子读篇幅冗长的故
事，再配上抑扬顿挫的音调，模仿书中人物，做足音效，惟妙惟肖。
但是我花了好多年的时间才明白，这项看似十分自然的本事，和替孩
子盖树屋、踢足球相比，对孩子来说其实是同等宝贵的。

　　偶尔，我也会和孩子一起踢足球，当然，我很清楚，我这么做只
是因为觉得自己有义务这么做。这种理由也不赖，也很值得去做，但
这跟我那些无法掩饰他们对足球的热爱，而且能激励孩子踢球的朋友
们，还是有所不同。不过话说回来，我的朋友大概无法像我那样读书
给孩子听，也无法煮出一顿美味的意大利肉酱面给孩子吃。

　　重要的是，遵循养育法则的父母明白自己的长处。我们无法摒弃
自己的短处，但是我们可以竭力发挥自己的优点。假如我们足球踢得
很烂，那就多读书给孩子听；多烤些好吃的甜点；在孩子练钢琴时，
发挥无比的耐心；教孩子修车技术；当孩子向我们提到《哈里波
特》、钢弹模型或是《丑小鸭》的童书时，要显得兴致勃勃（没错，
我知道家长们对最后那项，必须加倍努力才办得到）。

　　知道自己的长处，并且对自己的优点有自信，这点很重要。如此

一来，你可以看着其他父母做些你永远办不到的事，而不会自惭形秽。毕竟你我都明白，其他的父母也不是十项全能。不论何时，当你感到有一丝嫉妒之意时，要立刻停止这种思维，提醒自己，什么才是自己擅长做的事。

我们无法摒弃自己的短处，但是我们可以竭力发挥自己的优点。

5　弹性运用，所有的养育法则都有例外

众所周知，身为父母，我们必须恪守某些原则，按照程序，遵循法则。家长一定知道下列事项：不要让孩子吃垃圾食物，不要让孩子熬夜，不要让孩子老盯着电视看，在孩子够大以前，不要相信他们所做的承诺（请见养育法则第 83 条）。

然而作为一名遵行养育法则的父母，同时也得明了，极少有绝不破例的养育法则。是的，父母应该让孩子吃有益的健康食品，一天至少提供孩子 5 份蔬果。但是当父母整日工作，拖着疲累的身心回家，偶尔让孩子吃一次炸鱼片，也不至于是犯了滔天大罪。

关键在于，要想清楚，打破某一条规则，最糟糕的情况会是什么？当然，如果你打破乘车系安全带的规定，那后果不堪设想，所以最好乖乖照办。但是如果因为你筋疲力尽，没帮孩子在睡前洗澡——

这能有什么大不了的后果呢？

请记住，这个部分是帮助父母维持理智态度的法则，而这条法则的重点在于帮助你明白，让孩子拥有一位态度沉稳轻松的父母，比起永远不让孩子吃炸鱼片更重要。有些父母以为，随时都得严格恪守每条法则，这真是自找麻烦。他们因为一些鸡毛蒜皮的小事，把自己弄得心烦意乱。

有一次，我们带着两个孩子出门，一日游的序曲是搭蒸汽火车。那时我的幼子才出生几周，而较大的孩子也才两岁。我们把车开到火车站，才一踏出车门就发现，两岁大的孩子没有穿鞋子。好了，大家通常不会带着没穿鞋的孩子出门，搭乘蒸汽火车。所以我们有两个选择：放弃火车之旅，或是让孩子光脚出游。我们两岁大的孩子当然喜欢第二个选项，光着脚直奔火车。

这样，我们又面临接踵而至的两个选择：让自己为孩子光脚玩的选择过意不去，或者，就由着他去。正如你我都知道的，唯一合乎养育法则的选择就是，由着他去吧。我们和两岁大的孩子——要不就是享受一天光脚出游的日子，要不就是为了这件已无法改变的事情，忧心忡忡，让美好的一天泡汤。遇到这种情况时，就只能违反法则了

（当然，鉴于那天的情况，就不要再打破"睡前帮孩子洗澡"这条规则了）。

　　所以，这个故事的启示就是，如果你坚持时刻遵循每一条养育法则，那么你就破坏养育法则第 3 条了。哈哈！

让孩子拥有一位态度沉稳轻松的父母，比起永远不让孩子吃炸鱼片更重要。

6 适度最好，别让孩子参加过多课外班

你希望孩子长大后干什么呢？芭蕾舞家？科学家？职业棒球员？小提琴演奏家？还是演员？当孩子还小的时候，很难下定论，所以父母也许应该保持开通的想法，若手边有余钱，让孩子学习他们感兴趣的事物。这样孩子长大以后，就不能埋怨说，他们之所以没有成就，是因为父母没有给他们很好的启蒙教育。

当然，这会造成忙碌的日程。星期一钢琴课，星期二戏剧课，星期三单簧管——之后再去游泳，星期四芭蕾舞，星期五健身，周末下围棋。而这还只是一个孩子的活动，如果你有两三个孩子，那就真的很有意思了。

停一下，我们错过了一件事。在院子里快乐玩耍的时间跑哪儿去了？自我消遣的时间呢？在每周的安排中，孩子随手翻翻漫画书，甚

至只是闲散地看着空中浮云的时间在哪？什么事都不想吗？这些也都是成长过程中很重要的一部分啊！

你认识那些生活中塞满一长串课程、训练、课外活动的孩子吗？你知道，当你要他们自行安排几天生活时，他们会怎么做呢？如果让他们到些美丽恬静的地方，例如山际、海滨、乡间度几天假，他们将会不知所措。就是这样，他们不知道该如何享受快乐，因为他们从来没有时间学习独处，这会让他们难以面对成年后的生活。他们无法放松自己，因为从来没有人教他们如何放松。

别紧张，我并非建议家长，禁止孩子参加任何课外活动；这样做很蠢。但是，我要建议家长，限制孩子每周的课外活动，比如，一星期两项好了。而且让孩子自己选择参加哪两项活动。不要因为你自己小时候学小提琴，而且很喜欢拉小提琴，就强迫孩子学小提琴。也不要因为自己不曾学过小提琴，很渴望有学琴的机会，就强迫孩子学琴。如果孩子想要从事新的课外活动，那么他们就得放弃一项现有的活动，把时间空出来（没错，如果他们很讨厌跳芭蕾舞，那他们可以放弃，即使舞蹈老师认为他们很有天分）。

记得我们在养育法则第 1 条中提到，那些既快乐又轻松自在的父母吗？你认识多少位很棒的父母，几乎每天接送孩子参加不同的课外活动呢？他们没有一个人是这个样子的。他们让孩子学习一两项孩子真正感兴趣的活动，然后剩余的时间，孩子自己玩办家家酒、拼图，玩得全身脏兮兮的，孩子用空纸盒做手工，在院子里抓虫，替恐龙玩偶排排站，也读起小时候看过的童书，做一些孩子们都会做的事。因为这些事对他们有益处，而且让他们不会一天到晚黏着父母。

如果他们很讨厌跳芭蕾舞，那他们可以放弃，即使舞蹈老师认为他们很有天分。

7　别人所给的建议仅供参考，无须完全恪守

　　你妈妈是怎么告诉你的？喂奶时，每十分钟要让孩子喘息一下；喔，还有，你婆婆说，最好不要买套头的衣服；还有，你最要好的朋友建议你，不要买人工奶嘴，虽然你姐夫说，人工奶嘴真是他们的救命稻草……啊哈！

　　而这些都还只是个开始而已，当你有了宝宝，你所获得的忠告，数量真是惊人。即使再过个 18 年，忠告也不会稍止："你别叫孩子去念大学，那只是浪费时间，倒不如要他去找份工作"；"孩子一到 18 岁就要叫他们赶快搬出去，否则到了 30 岁，他们还是会赖在家里"；"不要帮孩子买车，叫他们自己存钱，我们都是这么做的"。

　　只有一个人的意见，你一定得听：你自己的。如果你有配偶，那么参考他的意见也属明智。但就仅止于纳入参考的范围，否则的话，

你会疯掉。但是你可不能抓狂，你得维持理智，如果你还记得第 1 条法则的话。

我并不是说，即使你想听取别人的意见也不可以，因为或许你真的可以从别人那里找到一两个有用的良方。但是即使别人所言不虚，你也不一定要照她们所言而行，因为即使有某个特别的方法，或是特定的设备和技巧等，对别人有效，也不代表这个方法对你就一定适用。每个孩子都不相同，每位家长也都不相同，所以很难说别人的意见就一定适用于你。

有一次，我的邻居问我，她是否应该试着让她的小宝宝有固定的吃奶及睡觉时间。她实在没有必要问我这个问题，因为我们两人个性有天壤之别。她是一个很有秩序、很精确、很有组织的人，如果事情没有按部就班，她就会有压力。而我，比较闲散，孩子累了就睡、饿了就吃，这样我就很满足了。

遵行养育法则的父母要有自信拒绝接受别人所给的不合适的忠告。所以，尽量听听别人的意见，但是要以自己的标准来过滤别人的忠告。如果别人提供的秘方听起来不怎么妙，那大概就不适宜。这时候，你只要微笑以对，告诉对方："谢谢你，我会记在心里的。"

每个孩子都不相同，每位家长也都不相同，所以很难说别人的意见就一定适用于你。

8　承认吧，有时想要逃避很自然！

嗨，让我们来谈谈刺青、死亡、吸毒等各种话题。要不然，我们也可以讨论最大的一条禁忌：承认有时候你真的希望孩子就此从眼前消失？

当然，绝不能说你的小宝贝一无是处。你可以开玩笑似地自我消遣，但是你不能真正地流露出来，有时候你真的很想从他们身边脱逃。你能这么说吗？父母的工作就是要爱孩子，而如果你爱他们，那么你就要爱他们的全部。做父母的不就是应该在连续 3 个月每晚为孩子读相同无趣的故事时，依然露出包容的笑脸；当孩子彼此疯狂追逐，发出刺耳的尖叫声时，依旧深情凝视；在他们第 25 次重复讲述那个不好笑的笑话，而且还讲错时，仍然和他们一起开怀大笑。

有趣的是，如果别人的孩子让你感到厌烦（你可别当着他们的

面这样说），这没有什么。因为我们大家都明白，孩子也会有让人受
不了的时候，而这也就说明了，为什么自己的孩子有时候也会让父母
发疯。这同样也没什么大不了。

　　实际上，惹父母发疯这件事，孩子还真擅长。他们几乎一出生就
开始这么做。新生儿的哭声就像魔音传脑，非哭到你采取行动不可。
呼！这招还真有效。就从那一刻起，他们定期找你麻烦，但有时候那
根本不是他们的错。事实上，最让父母感到有罪恶感的是，你知道那
并非孩子的错。但是当孩子因为长牙，害你连续 3 个晚上无法成眠，
你就很难对他们表示同情。你知道你应该体恤孩子，但其实你只希望
他们闭嘴，让你好好睡上一觉，毕竟就只是长颗牙嘛！

　　好吧，让我来告诉你，全天下的父母偶尔都会产生逃避的想法。
事实上，在孩子某些成长过程中，父母一天当中，会有 50 次有这种
感受，而在这些成长阶段的过渡阶段呢，一星期中大概只有一两次会
有这种想法。父母要能接受这是人之常情，而所有不承认自己有这种
感受的父母，他们都在说谎。父母无法阻止自己被孩子激怒，但父母
也无须因而感到有罪恶感。

　　重点是，父母要记住，这种事正像一把双刃刀。记得自己的孩提

时期吗？

不管孩子让你多生气，很可能你让孩子同样心烦。

所以你和孩子其实是两不相欠。

9　遇到告状，暂时回避孩子

　　如果第 8 条法则提到允许孩子惹父母生气，那么顺理成章的是，也应该允许父母做点什么。我个人喜欢的对策是，暂时离开孩子，暂时回避一下。我不是开玩笑，真的，认识我的人都知道，我曾经就近躲进柜子里，屏住呼吸，直到孩子离开房间后，我才出来。

　　你一定明白这种感受，你听见孩子的脚步声越走越近，越走越近，边走还边说："我要告诉爸妈你做的好事！""不，我才要告诉爸妈你做的好事！"你知道你正是他们告状的对象，而你对哪个孩子对谁做了什么事，事情对错如何，毫无头绪。遵守养育法则的父母究竟该怎么办？对我而言，答案再清楚不过了：躲起来。而且你知道吗，当孩子找不到你，他们几乎百分百能自行解决纷争。

　　许多教养书籍会告诉你，当孩子淘气时，使用"暂停"（time

out）策略。你知道吗，就是叫孩子回到自己的房间，或是独坐在旁边角落，直到孩子冷静下来。这个方法蛮可行的，但是为什么只许孩子从中受益呢？父母也可以有"暂停"时间。当父母需要冷静一下，你可以自我奖励，暂停一下。这表示父母可以利用任何方式，暂时避开孩子——这也包括躲起来。

很多年以前，在我第一个孩子快要出生前，有位朋友告诉我，有了孩子以后，有时候她真的感到过度透支，极度沮丧，只想好好宣泄一番。这种情形着实令我担忧，所以我问她，该怎么处理？她告诉我，只有一个解决办法：把婴儿放在房间正中央的地板上，然后她自己躲到远处，听不到孩子哭闹声的地方，直到自己能重新调试好为止。

那么，为什么即使已经濒临崩溃的边缘，多数父母都还是觉得不应该这么做？我们认为，为人父母这么做，代表某方面的失败。然而，这样做其实是最合理的解决办法。

不管怎样，遵守养育法则的父母会了解，父母也是常人，大家都有需要远离与回避的时刻。如果能这样做，当我们气定神闲，重拾父母之职时，我们会把为人父母的职责做得更好。

我曾经就近躲进柜子里，屏住呼吸，直到孩子离开
房间后，我才出来。

10　不要内疚！拥有自己的生活

还记得你上一次外出用餐，没有孩子随行，是什么时候？你能和朋友共聚一堂却一次都不谈及儿女？你上次喝醉酒是什么时候？什么时候你能花上大半天的工夫，修理汽车引擎，在院子里拾花弄草，或是像以往还没有孩子时，悠哉地打发时间，度过快乐时光？

我希望，这些对你别是太久以前的事才好。如果你任由事态扩展，为人父母会吞噬你整个生活。遵守养育法则的父母需要知道，什么时候该休息。当然，你要能够随时待命，而不能真的弃之不顾，但是随时待命时，为人父母者也能拥有无比的乐趣。

这点真的很重要，因为——其他事情暂且不论——如果孩子是你生活的全部，这样会给孩子带来很多压力。孩子多少会意识到，父母个人的成就，完全建立于他们现在的表现以及未来的成就上。把这种压力加诸于孩子身上，真是太过沉重。

这条法则在孩子出生后几个月较难实施。事实上，前 3 个月你无须比照办理，但是父母要及早建立良好模式。孩子需要父母，在养育儿女之外，父母也应该拥有自己的生活，否则当孩子长大后，想要拥有他们自己的生活，就会十分困难。再者，如果父母遗世自己独立过日子，把全部的生活作息都建构在儿女喂食、睡觉的作息中，不过几年，你就会发现，自己即使敞开大门，也不会有朋友上门来。这种情形怎么会有助于养育子女呢？

多年来，我注意到，我最欣赏的那些遵循养育法则的父母，他们总有些与为人父母丝毫无关的爱好。也许他们有让自己兴致勃勃的事业，夫妻一年单独度一次假，确定自己不错过每星期四打场网球，每个星期六去看午夜场电影，不错过球季的冠军赛，或是从事任何能让他们保持理智的爱好。

嗨，我知道这些事很难办到，时间宝贵。当然，比起有孩子以前，你得少上夜店，少喝醉（只是玩笑话——别当真），但是父母需要确保自己仍然做些过去最爱做的事情。否则，最后当孩子长到 18 岁，离家远行时，父母会感到怅然若失。

我最欣赏的那些遵循养育法则的父母，他们总有些
与为人父母丝毫无关的爱好。

11　有了孩子，不要忽视夫妻关系

这条法则不言而喻，但难就难在身体力行。很多家长都是嘴巴说说，但极少人会照着做。但是大家都知道，如果你不想到头来得独立担起养育子女的重责大任，那么这还真是养育法则中最重要的法则之一。

你们彼此相爱，所以才共同孕育下一代，这是很慎重的一件事。配偶仍然应该是你生命中最重要的人；他们也许不像孩子，要你花时间、花精力在他们身上，但他们仍应该是你爱恋的对象。养育儿女对夫妻关系的改变，也许比你所预期的要大。但是 20 年后，又剩下你与配偶两人，就像你们起初成立家庭时一样。如果配偶不是你生命中更重要的人，那么当孩子离家以后，你们的日子就会很难过。对儿女而言也是一样——离开家已经够难过了，更何况还要感觉是自己拆散父母的世界。孩子需要知道父母彼此深爱对方。这种认知能使儿女自由自在，追寻自己的生活，终能寻获一位他们挚爱的伴侣，甚至也能爱他们的配偶胜过爱你们。

这个解决方案还算合理：计划每周夫妻单独外出一次。如果无法负担保姆费用，可找其他家长轮流照顾彼此的小孩。即使是出门散步，或是买简餐到公园享用。无论什么活动都好，只要确定夫妻依然拥有从前曾有的二人世界。

如果连这都很难实现（如果你有不止一个孩子，你就知道我在说什么……唉！那些说过要帮忙照顾孩子的人跑哪里去了?），那就带着小毛头一块出去散散步，但是只限谈论彼此，不要又随口提及昨天孩子做了些什么事。

至于床笫问题嘛，当然，我们都知道，当父母精疲力竭，忙着带孩子，累垮了，完全没有兴趣，又有孩子在床边的婴儿床里瞪着眼望着你们。烛光晚餐或许是奢求，但是夫妻应该还是能够空出一个夜晚，一起吃顿饭，看场浪漫的电影，再佐以一场性感的按摩。我知道你对这些早有听闻，但这样做真的还是挺管用的。

如果你稍加努力，真诚付出爱与关怀，你会庆幸自己这么做。如

果这样做有助于彼此关系的话，不妨暂且重质不重量（在合理范围
内）。一旦孩子长大一点，或许烛光晚餐也可加以期待。

你们彼此相爱，所以才共同孕育下一代，这是很慎
重的一件事。

正确态度篇

要成为法则父母，抱持正确的态度很重要。父母一旦学会采取正确的态度对待孩子，思考教养问题，其他事情自然也会错不了。

在这一部分，我们要谈论如何学会树立正确的态度，成为一名遵守养育法则的家长。这些态度包括父母对待儿女的态度，以及为人父母应有的态度。父母必须能以欣赏的眼光看待儿女，这样才能尽情享受亲子之情，给予孩子他们所需的教养。如果父母视儿女为恶魔、天使，或是其他任何负面、不真实的想法，你将发现，接下来的几年真会很难熬。

一开始就和儿女建立正确的关系，这样孩子才能逐渐成长，成为越来越独立的人，而你也能和子女一样，从中收获到同样多的东西。

12 父母给予孩子的，只有爱还不够!

父母能给孩子最宝贵的东西就是爱，这样的老生常谈你听过几次？显然，爱是不可或缺的，我想这一点我们都同意。但是，如果父母给予孩子的只有爱，那么孩子可就得不偿失了。

自由派的父母（这我知道，因为我也曾是其中一员）似乎常常梦想，应该容许孩子无拘无束奔驰，让风自由吹拂着他们的发丝，双脚踩在泥土地上，此时的孩子感到快乐无比，因为知道父母爱他们。父母绝对不该试图约束子女（这是控制孩子），不该限制孩子的行为（那是在给他们套上无形的枷锁）。

我以前住在葛拉思顿堡（Glastonbury；注：英国摇滚乐重镇），亲眼目睹了很多像这样长大的嬉皮后代。他们成年后往往难以立足于现实社会，也很难发展与朋友及工作伙伴间成熟的人际关系。在

18 年来只吃嫩豆芽的情况下，他们有些人连塞下一顿正餐都有问题。我甚至认识一对夫妻，他们搬到国外定居，只为了躲避他们的父母。

　　是，是，是——父母必须爱孩子，但是父母还得给孩子别的东西：像是管教，自我约束，广泛的兴趣，适当的教育，开阔的思想，自我思考的能力，了解金钱的价值，自我肯定的能力，学习能力——还有，偶尔要记得理发。

　　没有人说做父母是件容易的事。生儿育女后，父母承担了一项艰巨的任务，终其一生都将付出艰辛的努力。以为只要爱孩子，就可以赢得"我是好父母"的美誉，一点益处都没有。让孩子想做什么就做什么，对孩子并无好处，所以父母必须介入，而这代表父母得要流血、流汗、流泪。但是，看看周围，许多父母都真的办到了，所以，这应该不至于太困难——不过你得认识到眼前的任务巨大。不过你真的很幸运，你有 18 年的时间来完成这项任务。

生儿育女后，父母承担了一项艰巨的任务，终其一
生都将付出艰辛的努力。

13　每个孩子适用不同的策略

养育法则第 12 说，父母不能只是爱孩子，父母还有更多的事情要做。所以，你该怎么办？这个问题没有一个简单的答案，父母的某些做法也得视孩子的性格和家庭状况而定。这就是这条法则所要讨论的。

你不能墨守成规，不经思考，把同一套教导方法套用在每个孩子身上。孩子不能这样教。我有个朋友，他用同一套策略，带大三个孩子，诸事顺利。然后，第四个孩子降临，这个孩子和兄姐截然不同。他看世界的眼光很特别，无法接受权威也无法了解周围的人。他很有意思，只是有点独特。比方说，这个孩子坚持每天晚上穿上白天的衣服睡在地板上，他认为把衣服脱掉是毫无意义的，反正睡醒后又要立即穿上。

我的这个朋友经常和这个儿子发生冲突，因为这个孩子无法像兄姐一样，达到父母的期望，做个循规蹈矩的孩子。不过我的朋友很理智，他和孩子一起坐下来讨论可行与不可行的管教方式与理由，也全盘考虑对小儿子设定与兄姐相同的标准是否公允、有益。他们调整了某些规矩，保留部分规定。调整哪些规定并不重要，重要的是，父母认真思考他们在做些什么以及为什么。

你知道吗？他们也开始质疑并思考对待其他三名子女的方式，并且找出能帮助亲子关系更加亲密融洽的方式。

其中的秘诀在于，要审视所有有冲突的领域；另外就是，父母要审视让孩子不自在、有顾虑的地方，然后思考是什么原因造成的，要如何帮助孩子。

父母如果不思考自己的作为，就很难做出正确的举动。毕竟，在购物前如果不事先想好要买些什么东西，你大概会从超市买回一堆无用的东西。度假前，如果不先想想自己想要做什么，就不太可能充分享受假期。同理，对如何教养儿女一事，如果不多加思考，父母可能马马虎虎，应付了事，却无法提供孩子最好的抚育。

重要的是，父母认真思考他们在做些什么以及为
什么。

14　大多极端的事是错误的

　　我知道有些家长从来不让自己的孩子看电视，这样的家长并不多。我也知道有些家长只给自己的孩子吃素食。有些家长只给孩子穿紫色的衣服。我还知道有些家长甚至让孩子们每天早上六点半起床，即使节假日也不例外——这在世界一些地区可能很正常，但是在英国这可有些过分。

　　哈！你看，这就是问题的症结所在。这些事情本身并没有错误，但是如果你管教孩子的方法和别人差别太大，那就显然行不通。这会让孩子产生自我认知混乱，让他们越发感到无所适从。

　　我个人认为，这个世界上所有的孩子都不看电视是一件很不错的事情。（原先的小孩子不是都没有电视可看吗？）但是现在的世界里，孩子的朋友们都在看电视，强迫自己的孩子不看电视就不大可行。当然，你可能会比孩子朋友的家长提出更多限制条件，但是别让孩子一点电视也看不到。孩子们喜欢打成一片，让他们感到格格不入会让他们感到很难自处。

在你的社交群体里通常会有一套行为规范，涉及子女教育的很多方面，例如睡觉时间、零钱、电视、音乐活动、衣着风格、食物等。如果你的观点和家规在这套规范的范围之内，那就很好。但是在你想要踏出邻居和孩子同伴所认可的正常范围以外之前，你最好仔细考虑清楚。你可以在这个范围内走向一个极端，但是无论如何，你都应当在这个看不见的范围之内行事。

我曾经认识一个小孩，无论她什么时候犯了错，她的父母都会用一把尺子打她。他们是从另一个国家来的，在那里这种事情是很正常的，但是这个可怜的小姑娘的同学或朋友都不会被家长用这种方式惩罚。她不知如何是好，有一个时期她会对不听从她指令的孩子采取过激的行为。她父母的教育态度没有在老师和同学中得到体现，因此她感到十分困惑。

我的一个孩子所在的学校要求家长每天给孩子带饭。他的朋友们大多在午餐盒里装着巧克力、炸薯条、饼干、蛋糕。我清楚地知道如果我们也在儿子的午餐盒里装进这些东西的话，他就会吃掉这些东西。我们要给他健康的午餐。但是他也吃到了很多又健康又美味的食物，偶尔还能解解馋，因为不这样做就不够公平。①

我要说的是，一切都是相对的。大多数教育孩子的态度都不能简单地划分为对和错。一些显而易见的事情是错的，但有时在一个事件或地点是正确的事情，在另一个时间或地点可能就是错的。父母必须根据自己孩子的周围世界来修正自己的做法——任何极端的事情往往都是错误的。因为无论从其他角度来看有多正确，极端本身就是错的。

孩子们想要打成一片，让他们感到格格不入会让他们很难自处。

────────────

① 当然，我们应当把他送到每天只吃稀饭的学校去，但是我家附近没有这样的学校。

15 给孩子一个微笑、一个拥抱

现在有件事真的让我很恼火，而我却见过数不清的父母这样做。孩子放学或外出回家，一进门，父母劈头就说："先把沾满泥巴的鞋子脱掉"，"赶紧去写作业"。

有一次，我有个朋友在学校体育馆跌了一大跤，额头肿了个大包，所以，在学校放学前提前回家了。在那个年代，发生类似事情时，学校会允许学生自行回家。当我朋友出现在家门口时，他妈妈正在厨房拖地。妈妈皱着眉头抬头看看，告诉他："你不能进来，地板还湿着。"

如果父母以这样的方式迎接孩子，这些孩子怎么才能知道父母爱他们？因为他们父母对待家里的狗、祖父母、孩子的朋友，甚至是遇到邮差时，都比对待自己孩子还要温柔一点。

有些父母还会采取另一种方式，那就是，当孩子回家时，视若无睹，好像孩子只是家里的一件家具，这也同样糟糕。因为事实证明，完全忽视孩子就和给予孩子"负面注意力"（这是父母对孩子大呼小叫的替代说法）一样不可取。

在上学的日子，大家在早餐时间通常都很匆忙，但是态度友善可一点都不占用时间。而且坦白说，在你帮孩子梳头发，要他们多少吃点东西的时候，任何有助于让孩子少发牢骚的事都值得去做，不是吗？

对孩子微笑、给孩子一个拥抱（在孩子还未大到不让你抱的年龄之前）能有多难？这只是小事一桩，却对孩子有深远的影响。孩子只是想知道，父母很高兴见到他们。

如果孩子的鞋真的很脏，而你才刚擦好厨房地板（有人会问，干嘛在孩子快要穿着沾满泥沙的鞋进门前擦地板），你还是可以用幽默的言语，请他们停下脚步，然后给孩子一个拥抱，一个亲吻，以感谢他们的合作。

对孩子微笑、给孩子一个拥抱（在孩子还未大到不让你抱的年龄之前）能有多难？

16 尊重孩子，他们也是人

我认识一位母亲，她总是以命令的口吻对孩子说："快点吃饭！""上车！""好好刷牙！"有一天，我听见她抱怨说，孩子们不会说"请"和"谢谢"。现在，我们都清楚，她的问题出在哪里，但她自己却看不到。

其实，道理很简单。你可能以为，孩子就应该对父母言听计从，而其他人可以不必。所以，你对成人提出要求时彬彬有礼，但对孩子却是发号施令。但问题是，孩子并不这样看。他们不会留意你对别人是怎么说话的（孩子从来不听），他们只是用你对他们说话的方式对你而已。

如果你的孩子稍有见识，他们会更注意你所做的，而不是你所说的。所以，如果你很少礼貌地跟他们说话，那当他们也这么做的时候，你不仅不能责怪他们，还应恭喜他们能效仿你。

　　孩子也应该得到尊重。当然，最简单的理由是：他们也是人。但更重要的是，如果你不尊重他们，你也无法得到他们的尊重。尊重不会有损你的威信，你的孩子很快就会明白，"请把牙刷干净"，或者"你能摆一下餐具吗？"虽然听起来像请求，但实际上，他们并没有选择的余地。凡事以身作则，这是最好的方式教会他们以礼相待。

　　需要言传身教的不仅仅是礼遇他人。你还不能食言，不能撒谎（关于圣诞老人的故事不算），不能在他们面前诅咒，除非你希望他们学你的样子。如果你这么做了，那无异于告诉他们（如果不是直截了当的话，至少也是明确地告诉了他们），他们不重要，他们根本无足轻重。而我们都知道，事实并非如此。更重要的是，你的孩子也要知道这一点。

　　如果你爱你的孩子胜过任何人（除了你的伴侣），那么，他们就应该得到比其他人更多而不是更少的尊重。这样，他们才会学着尊重别人。

孩子也应该得到尊重。当然，最简单的理由是：他们也是人。

17 专心看他做事、专心听他说话！

如果这条法则让你难以接受，我能理解。其实，我自己要带头承认，这条法则有时候难以落实。但是话说回来，有时候你对自己最喜爱的电影、音乐、巧克力也会没有心情消受。

不要害怕。这条法则并不意味着，父母必须永远带着好心情，才能和孩子相处。我要说的只是，当父母有机会和孩子轻松相处时——周末、度假、睡前说故事时间——享受与儿女相处的时光很重要。

父母为什么办不到呢？因为父母总是想着，与其听孩子蹩脚费时地解说昨天播出的《辛普生家族》（The Simpsons）的整集剧情，还不如做些别的事。或者想着，自己还有一长串待做的家务；担心厨房炉子上煮的蔬菜水要溢出来了；或是在脑子里预习明天的工作汇报。

停！你现在正在处理最重要的一项工作——享受与儿女相处的时

光。不要想别的事,专注在孩子身上,专心看他们所做的事,专心听他们所说的话。你必须有此认识:花时间和孩子相处,就跟为孩子换尿布、准备晚餐或写报告同等重要。所以要好好和孩子交谈。当孩子告诉你:"你知道吗,我刚刚杀死了17个士兵(注:电动玩具游戏)",别只是挤出一声:"哇!"相反的,你可以试试看这么说:"这是不是表示你已经用光所有的弓箭了?"

享受孩子的陪伴的秘诀在于,要专注于亲子的相处,把相处当成目的。好吧,你并非真正喜爱装扮芭比娃娃,讨论足球联盟每个球队的小细节,听孩子滔滔不绝谈论有关外星人来袭的战争故事。无须如此。这些事情只是完成目标的方法,最终的目的是,要花时间和孩子相处。了解孩子怎么看这个世界,哪些事物能让孩子开心、生气、伤心?让孩子觉得好玩、新鲜有趣、无聊,哪些事情能引发他们的兴趣?

一旦你学会停下来享受亲子时光,你会发现,你与孩子相处时的乐趣大增,而且你开始从孩子身上学到许多东西。一旦你开始在闲暇时与孩子融洽相处,你会在遇到真的无法忍受继续为孩子读上半个小时绘本的情形时,轻松原谅自己。

你现在正在处理最重要的一项工作——享受与儿女
相处的时光。

18　重要的不是你，而是孩子

　　我们来搞清楚一些事情。要孩子不是强制义务，你可以不生孩子。但是如果你真的决定要生孩子，你就要做好把孩子放在第一位的准备。这并不意味着他们想要的一切东西都要给他们——情况往往正相反。其真实意义是在做决定的时候，要考虑对他们有什么好处，而不是对你有什么好处。

　　要我举几个例子吗？好吧。我认识的一些家长让孩子们在大人的床上睡觉，一直到孩子们六七岁了还是这样。并非是孩子想要这样，而是因为家长要这样。的确，孩子依偎在自己的身旁多么可爱，但这对于孩子的成长、独立、形成自己的睡眠模式、克服对黑暗的焦虑等等都很不利。如果孩子的朋友们不是都这样的话……嗯，请你参阅法则 14。

这儿还有一个例子。一个朋友前几天告诉我她的女儿非常喜欢几百英里外一所大学的课程。我的朋友说她想要把女儿留在身边，于是劝女儿在我们当地的一所大学学习不同的课程，这样她就可以住在家里了。我说她的女儿能应付得了去外地上大学，我的朋友回答说，她知道，但是她还没做好放走女儿的准备。

对孩子有好处的事情往往对父母也有好处。但有时也不尽然。我们往往会用借口来为自己开脱（公平地说，我的朋友至少还承认了她想要影响孩子选择大学的真实原因）。例如，家长可能会说自己的孩子会在半夜醒来，所以睡在同一张床上更方便照看他们。我们告诉自己，孩子太小了，这也做不了，那也做不了；或者他们比别人更加焦虑；或者这样做更健康；或者他们做这个那个太不实际。

但是在内心深处，我们清楚地了解自己在做些什么。我们只是不承认而已，即使对自己也拒不承认。因为如果我们承认了，我们就得去做适合孩子的事情。有时这样做很难，但是一旦我们下定决心去做对孩子有利的事，我们就必须坦诚地面对自己，把他们放在第一位。

实际上，这就是养育孩子的真正乐趣所在。把别人放在第一位并不是要禁锢自己，而是解脱自己。只要我们将注意力放在别人身上，我们就不会忧郁悲伤、缅怀过去、自怨自艾、心怀怨恨——因为这些都是因为我们太在意自己了，没有全心全意为别人着想。有谁能比我们自己的孩子更亲？的确，让孩子和你一起躺在床上是那么的温暖惬意，但是看到他们长成独立能干的成年人胜过这一切。

在内心深处，我们清楚地了解自己在做些什么。

19 先让孩子享受乐趣，再帮助他收拾

我记得和太太初识时（当然那时候她还不是我太太），对她的住处有种格格不入的感觉。我记得她在桌子上几乎不放置物品，桌面干净，地板光亮，一尘不染。你在她家随手拿起一样物品，问她，这个东西放在什么地方，她都能给出正确的答案。对，所有的物品——而且我真的是指每件东西——真的都有一个固定收藏的地方。

我可以告诉你，这对我来说真是大开眼界。对于室内收纳，我一直是属于"二话不说就把东西扔到地上"那一派。我必须承认，当我们决定要生孩子时，我私下很担心，不知道我太太会如何应对。我知道她理家的方式与我们两人想要抚养出十分随和、轻松的那种孩子不太相配。

结果，孩子出生后，她和许多家长一样，虽然不能全然适应，却

做了令人赞赏的调整。但有些习惯难改，她也企图抵挡随着孩子蜂拥而至的泥沙、杂物、尘土、玩具等，这些让生活无法井然有序的浪涛。还有，家里有些物品有了新的分类，这类物品，你绝不能把它们收起来，因为你根本不知道，这堆东西是些什么玩意儿，所以你根本不用奢望给它们归类。

你只有两种选择，第一种是，把自己搞得团团转，神经兮兮的，想要完成不可能完成的任务，保持家中整洁，同时也把孩子变成紧张兮兮、举止做作的小大人，不准他们保有童真，也绝不能在室内穿鞋。第二种选择是让步，冷静下来，放轻松，暂时休兵。允许孩子保有孩子的天真，让家里其乐融融。拥有性情随和，悠闲从容的孩子，尽管有时地板上有泥沙，房间很乱。我想我们都知道，遵守养育法则的父母会选择哪种方式。

我不是说，孩子永远不应该有条理，但是要让孩子先能享受做孩子的乐趣，之后再收拾。餐桌上满是手印，衣服上沾了泥巴并不重要。如果不容许孩子放松，享受乐趣，那么，他们就不能享受到成长的乐趣。

我不是说，孩子永远不应该有条理，但是要让孩子
先能享受做孩子的乐趣。

20　容许孩子适度冒险，否则孩子无法成长

我十多岁时，8 岁大的弟弟决定爬上院子里的一棵大树。当他爬到大约房顶那么高的时候，脚上所踩的树干断了。他双手攀住头顶上的树枝，在离地 25 米的树枝上晃荡。自然，他大声疾呼起来。

妈妈闻声跑到院子里来，看看到底出了什么事，当她看到弟弟挂在那么高的地方，而且情况紧急，她的神经一定绷紧了。但是她并没有显出惊慌的样子，只是镇定地用话语引导弟弟爬下来："好，离你左脚下方大约 3 寸的地方有一个小树枝，对，就是那里，好，现在右手往下移，抓住下面的树枝……"就这样，直到弟弟安然落地。

你或许认为，妈妈从此以后起码会有好几年不准我们爬树。但是她并没有这么做。她知道弟弟已经学到受用的一课——他的确学到教训。

那么我到底要说什么呢？父母必须容许孩子学习自己的人生功课，孩子通过犯错，付出代价来学习。如果孩子从来不冒险，他们就永远不会有所感悟。那些从不犯错的人，也会一无所获。这也就是说，父母必须敢承担风险，做一名遵循养育法则的父母，你必须允许孩子爬树、让他们选修你认为他们有把握的科目。孩子第一次在假期想背着背包出门旅行时，答应他们。

当然，父母必须预见风险。有时风险过大，父母必须拒绝孩子。但是父母也不能总是以最坏的情况来做决定。否则如此一来，任何事情你都不会答应他们，因为不可能百分之百保证孩子的安全。这样一来，孩子无法学到任何事情，当他们离家独立前，没有学会如何为自己做决定。如果真是这样子，父母就失职了。

所以，要准备承担风险。当然，冒险时，有时候事情会出错，孩子可能会手腕骨折，或是考试成绩不佳，但这些都不是太糟糕的，而孩子和你一样，都会学到功课。另一种选择是绝不冒险，但是长远来看，这对孩子危害会大得多。

如果孩子从来不冒险，他们就永远不会有所感悟。

21　将忧虑留给自己，让孩子安心

　　如果孩子要去冒险，家长肯定要操心，这是难免的事。孩子爬树，你担心；学开车，你担心；和别人而非父母外出度假，你担心。其实，即使无风无浪，父母还是会担心。当孩子第一次走出父母的视线，你担心；当他们开始上学，你担心；第一次到朋友家过夜，你担心；双颊泛红，高烧不退，你担心；学校考试，你也担心。

　　你必须记住，不是只有你一个人担心，孩子同样也担心这些事情。小朋友对要开始上学这件事，可能感到惊恐，青少年孩子对出门度假可能也极度紧张，但是他们下定决心自己去面对。

　　你的任务就是让孩子安心，让孩子有信心向前迈进，让孩子觉得没什么好担心的。有点泄气是吗？其实你忐忑不安，惶惶不可终日，但却要一派气定神闲，面露微笑，假装没事一样。没错，我认为这是很难办到的事情，但总得有人去做，而这个人选就是你。

令人欣慰的是，你可以找另一个大人倾诉。也许是配偶，不然，更妙的是，找你自己的父母。因为即使在你这把年纪，你的父母仍然有责任告诉你，不要烦恼，一切都会安然无事的。

既然我们讨论到了这个话题，我要提醒你，尽量不要每次在孩子出门前，交代他们："要小心！"因为这样说不只代表你缺乏对子女的信任，而且，当孩子手中持有易碎物品时，一个被父母交代"要小心"的孩子，比起没有被交代的孩子，更容易失手。"要小心"会让孩子认为，不好的事情即将发生。反之，一个遵循养育法则的父母会说："好好玩！"或是："祝你们快乐！"而我认为你当然早就是一名遵行养育法则的家长了。

你必须记住，不是只有你一个人担心，孩子同样也担心这些事情。

22 站在孩子的角度看事情，让他觉得你在乎他的感受

每个孩子心里都有怨气，他们坚信父母把他们当孩子看，不在乎他们的感受。他们认定父母忽视他们，不顾虑他们的感受。如果父母所做的决定让他们不服，这就表示父母不在乎他们。不过你知道吗？孩子的这些说法，百分之百正确。

我们都犯过这种错误。当然父母不是随时都犯错，不过次数还真不算少。我知道我自己有这种问题，而我还不曾遇到没犯过这种错误的父母。我们对自己说（如果我们自己仔细注意过的话），我们知道什么对孩子有好处，而孩子自己不懂。有时的确如此，但并不是所有的时候。

在某种程度上，这种情形无可避免。我是说，多数孩子总是想要在比该上床时间还晚上床，他们通常只想靠冰淇淋和巧克力填饱肚

子，最好能天天翘课，到海边玩。好吧，我们知道这些主意很烂，而我们必须让孩子照我们的方法过日子，不过这也不代表我们就不能从孩子的角度看事情。其实我猜，如果让孩子自己做主，许多孩子会比我们所想象的还要快一点懂事。

瞧，孩子看世界的眼光通常和父母不同。而有时他们与父母看法一致，只是我们从不考虑他们的视角。不管是哪种情况，当孩子认为父母漠视他们的想法时，他们会变得叛逆，这是可以理解的。当然，我们要以尊重的态度对待孩子——如法则第16条所言，所以，让孩子知道父母明白他们的观点，就变得十分重要。如果你还无法体会，我相信你问孩子的话，孩子就会告诉你。

有一天，我准备带孩子出门，而某个孩子正在看电视，所以我叫他把电视关掉，上车，他不听。我很坚定地告诉他，我们必须到车站接人，这件事比看电视重要。我们父子二人为这件事发生争执，两个人都发火了，两个人都很不舒服。我就想，有没有更好的方法处理这件事。

这时我想到养育法则第22条。所以我问儿子，问题出在哪里？他告诉我，这是他最喜欢的节目，而且他已经连续两星期错过观看。

我对此表示同情，并且表示要替他把节目录下来。问题解决了，而这
和电视节目其实根本一点关系都没有。

　　问题得以解决，因为孩子感受到我在乎他的感受。如果我能早一
点想到这条法则，对事情会更有帮助，但是我那时忙着遵行第 2 条法
则（没有完美的父母），这就是我的借口。

　　**当孩子认为父母漠视他们的想法时，他们会变得叛
逆，这是可以理解的。**

23 养育子女无须与他人比较

有一天，我和另一位家长谈到孩子的饮食习惯。我提到如果家里有饼干和薯片，孩子就会吃个不停（所以，我们家从来不存放这类食品）。"我很幸运"，她说道："我的孩子还比较喜欢吃水果和新鲜蔬菜。"好吧，想到她那两个孩子，刚刚才把别人送的饼干大口大口送进肚子里的样子，我很怀疑她说的话有几分真实性。不过，我要说的是，这就是一个很典型的竞争性语言，故意要让我和孩子难看，这样一来，就可以让她和她的孩子，显得高人一等。

训练孩子大小便就是个典型的教养竞争项目。我知道有些父母，孩子才几个月大，就开始训练他们使用便盆，认为这样孩子才能赢在起跑线上，胜过朋友的小孩。还有父母渴望孩子比别人的小孩早一点会站、会走，吹嘘自己的孩子在运动、音乐、学业成绩方面表现有多优异。而最狡猾的竞争型父母，就是那些公开吹嘘，却又刻意以其他方式掩饰的父母，就像会说"我很幸运，我的孩子宁可吃水果也不吃洋芋片"的父母，对于这样的表述，你一时很难将它与幸运联系在一起。

我们这些遵循养育法则的父母，不会参与这种攀比。我们对自己的教育技巧很有自信；对自己的不完美之处，也感到轻松自在（和别人相处自在，不拿子女做比较）。你瞧，那些爱比较的父母，不仅自己没有很多朋友，他们的孩子也饱受压力。他们的孩子会觉得，自己必须表现杰出，好让父母能继续吹捧他们。这些可怜的孩子相信，自己只有不断胜过朋友，才能讨父母欢心。最后，他们长大以后，也会成为过度爱比较的人，这会让可能和你做朋友的人，为之却步，更别提他们的手足关系了。父母可以另找其他机会，让孩子学习有益的竞争，而不要将不健康的竞争强加在孩子身上。

瞧，爱比较的父母，对自己缺乏安全感，紧张兮兮的，也对自己做父母的技巧缺乏信心。这就是为什么他们必须贬低别人，抬高自己的原因。所以不要恼怒，只需一点怜悯，就足以激怒他们。

那些爱比较的父母，不仅自己没有很多朋友，他们的孩子也饱受压力。

24 永远不要用感情去敲诈他们

你是否说过以下的话（或者是类似的话）？

- "我为你做了那么多，难道连这个你都不能为我做吗？"
- "你真让我伤心。"
- "这对我不公平。"

是不是觉得很熟悉啊？如果不是，那么你做得很好，可以翻到下一页了。如果你曾经听到过这些话从自己的嘴里说出来，那么你绝不是个别情况。然而，这些都是感情敲诈的不同形式，因此都是不该说的。

感情敲诈是阴险的，会给孩子带来很大压力。如果你总是这样对待孩子，他们就会产生无法抑制的罪恶感，同时很可能会对家长产生怨恨。而且，你是在表明你的感受对你来说比他们的感受更加重要，这是在树立一个糟糕的榜样：把自己放在首要的位置、自怜、用感情来操纵别人。

看，你让自己成为了这样的家长。孩子表现出自私是很正常的事，显然你会比别人有更多的机会去承受孩子的自私表现。你不能对孩子发泄怨气——你很累、工作太多、倍感压力、被视作理所当然，这些都不是他们的问题。

我并不是建议家长鼓励孩子变得自私。但是你得找到不去用感情敲诈他们的方法。指出他们的行为会对别人产生的影响，或者有话直说。不要说"我这么累的时候别找我和你踢球"，你可以这样说："对不起，我太累了。我明天和你踢球吧。"

"我都快被你累死了——给你做饭，帮你收拾，给你洗衣服，带你去踢足球，开车带你到处走……"这么跟孩子说毫无意义。我可以告诉你，他们听到的只是"哇哇哇，足球哇哇哇"。所以这是白费力气。的确需要有个人向他指出这一切，但不应当是你。你需要一个伴侣、爷爷奶奶、姐姐或是别人来说："别把衣服这样扔在地上。你都这么大了，为什么你的妈妈、爸爸得为你捡起来？难道你不认为他们已经为你做得够多了吗？"你也可以为你的伴侣仗义执言。孩子们往往会更加容易买账。

　　另一个办法是和孩子们互换角色度过一天（最好不是上学的日子，不然会很麻烦）。你可以晚点起床，将这一天大部分时间用于玩乐或看书，由孩子们来做你的工作。他们可能会拒绝这么做，但在做出决定的时候他们必然会先想想你都得做些什么。

　　所以，没有借口可以让你用感情去敲诈孩子，因为还有许多其他方式来教育孩子不要自私，这些方式不会给他们留下心理阴影。

**　　孩子表现出自私是很正常的事，显然你会比别人有更多的机会去承受孩子的自私表现。**

当然，在抚育儿女时，有一些谈论价值观的广泛原则很好，不过大多数时候，为人父母就是日复一日的坚持。每天辛苦帮孩子换尿布、叫孩子起床、穿衣服，准备按时送孩子上学，说服孩子尽可能吃得健康，和孩子讨价还价上床时间，和孩子辩论他们是否该自掏腰包买衣服，让孩子接受他们中意的教练和老师的训练与指导。

我猜想，父母现在真正需要的是一些能派上用场的日常法则，让每天的亲子互动更为轻松，使亲子双方都能互惠，也让养育孩子能如你一直所期盼的那样有趣，不至于成为有时会令你忧心忡忡的那种煎熬。

以下是保证能让子女长大后成为你所期望的那种，充满智慧、勤学好问、乐于助人，能对社会有所贡献的人。

日常法则篇

25 孩子能行，就让他自己处理

我不是想吓你，但是在孩子 18 岁以前（早一点更好），他们必须成为具有独立行为能力的大人。要有足够的智慧与能力自己做决定，自己交朋友，维持自己的生活，自己铺床，自己坐火车通勤。没错，你的工作结束了。

如果孩子到 4 岁时，还要你用汤匙喂饭，到 14 岁时，还要你替他整理书包，当他们需要自己照料自己时，他们就有苦头可吃了。所以，孩子自己能做的事，父母就不要帮他们做。这不仅是指不要帮孩子整理善后，不要帮他们做功课（我个人的观点是，我发现我的孩子在 8 岁前，就能把功课做得比我替他们做的还好）。这也表示，应该让每个孩子，从大约 10 岁起，偶尔煮饭给家人吃，即使只是拿吐司面包配牛奶，孩子要知道如何使用洗衣机，星期六自己起床做分内的家务，出外度假时，自己整理行李。

甚至这些还不是最要紧的事，还有特别重要的两项技能，父母要越早开始教导孩子越好：管理金钱的能力，与做决定的能力。

你看，如果你一直控制孩子的钱，只给他们一点零花钱，那孩子什么都学不到。最好是等孩子大一点，比方说，让孩子自己负责买衣服的花费，或是只给孩子基本的零花钱，然后要他们自己赚取额外开销。我有个朋友，他在家扮演银行的角色，对孩子的存款，提供十分优惠的利率，所以他的孩子喜欢存钱胜过喜欢花钱。有很多方法可以教导孩子金钱观，重要的是，要找到对你和孩子合适的那种方法。

当然，父母当然要教导孩子自己做决定。从孩子两岁时每天该穿什么衣服，到高中要选修什么课，孩子要学习计划自己的生活。这也代表，孩子也要从错误决策的后果中学习。所以，当你眼看着孩子做出错误决定也不要介入干涉。

父母当然可以提供建议与忠告。不过孩子逐渐长大，父母则要开始学习，等待接受孩子咨询，但是不要给自己压力。可以吗？这是他们自己的生活。

父母只要记住，你正为孩子的 18 岁生日进行倒计时，之后，孩子凡事都得靠自己了。

孩子要学习计划自己的生活。这也代表，孩子也要
从错误决策的后果中学习。

26　放开孩子（去撒野）

你是否还记得你曾经一早就离开家门，在外逛荡一天，父母都不知道你在哪？这样可能很好，因为你会去做各种事情，而这些事情他们根本不想知道：挖洞、用小棍子玩打仗游戏、偷牛奶、放烟花、爬树、把鼻涕虫粘在邻居的猫身上。

孩子们需要淘气。过去如此，现在仍然如此。但是越来越多的家长不允许孩子淘气。我们担心孩子会伤着自己，而把他们层层保护起来带来的情感伤害更加糟糕。人生就是一系列的风险评估，如果孩子们小的时候没有学会冒险，他们就没办法迎接今后人生的风险。

我知道你的孩子在外面到处跑或与朋友在公园玩时可能会遭受重伤。他们也可能足不出户便摔下楼梯而受伤。不知为什么，我们这几代人看不到这一点。事实是，当孩子们离开父母时，他们会更加注意

自己的安全，因为他们知道你不在那儿看着他们。这样他们才会学到
更多。所有的孩子都应当学会爬树、点火、挖洞、吊在绳子上荡来荡
去、穿着衣服时全身湿透。的确，他们有时回到家时身上会有肿包，
会有擦伤，会有血从胳膊或腿上流下来，但是他们会从中学到一些东
西，下次便会避免受伤。①

　　我再来告诉你一些多年以来我注意到的事情吧。有时孩子们会获
得比平常更多一些的自由。这时那些父母比较焦虑的孩子往往总是那
些最紧张的。他们不知道该怎么照顾自己，因为之前他们很少有机会
照顾自己。而放任的父母的孩子往往总是那些最自信的。实际上，在
照顾自己这方面，自信是非常重要的。我知道你可能会想在面临风险
的时候，自信可能不是件好事，但你想的那个是过分自信。我说的是
适度的自信。

　　如果你递给小孩子一个茶杯，说："小心，别弄洒了。"和你什
么都不说相比，他们更有可能会弄洒。你让他们感到紧张，让他们只
想着风险。同样，和焦虑的孩子相比，自信的孩子更有可能会做出合

---

　　①　例如猫咪长着爪子，不喜欢身上粘着鼻涕虫。

理的决定。所以，你把孩子包裹起来，认为这样他们就安全了，但是从长远来看，你是在削弱他们照顾自己的能力。

那些父母比较焦虑的孩子往往总是那些最紧张的。

27 让孩子动脑筋思考！

你的孩子不仅要自己做决定（养育法则第 25 条），他们还需要自己思考。如果孩子和你争辩，不管这会让你感到多么沮丧，这起码显示孩子能够独立思考。而这也是父母所希望看见的（虽然你可能不觉得这是自己现在所乐见的）。

有一天，我和一位朋友见面，他 5 岁大的孩子就像一般 5 岁儿童一样，故意在那里胡闹。我的朋友发火了，而 5 岁大的孩子也因为被喝止而不舒服。我听见朋友对她女儿说的一席话，深感佩服。"你想我为什么对你不满？"小女孩想了想，喃喃地说："因为你叫我不要闹，可是我不听。"现在这小女孩就真的想通了，如果妈妈当时没有问她，现在她也不会去想妈妈为什么生气。然而，她妈妈循循善诱，教会了她自己思考。

　　我的朋友的确抓住了教会孩子思考的最简单的技巧：问孩子问题。问什么问题并不重要，不管是问孩子为什么喜欢打篮球却不喜欢踢足球；问他们觉得有 100 位嘉宾参加的婚宴，采用何种形式较好；如何减少全球温室效应；或是问孩子是否认可美国的中东政策（也许把这个问题留到孩子年纪大一点时）。父母就是要让孩子动脑筋思考。

　　再进一步，要挑战孩子的想法。不要太过突兀，但是可以问孩子，他们为什么有某种想法。孩子两岁大时，父母可以问他们，狗为什么叫？当孩子 12 岁时，父母可以问他们，名牌球鞋那么贵，他们认为合理吗？（如果他们认为不合理，那怎么能期望父母花那么多钱，为他们买一双鞋。嘿，要记得养育法则第 25 条，有关孩子买衣服的零花钱）。

　　不断挑战，问他们问题，让孩子争论、辩论、辩护、质疑。一旦孩子能够不自觉地这样做，父母无须再用问题提示他们，你知道吗，你已经精通养育法则第 27 条了。

如果孩子和你争辩，不管这会让你感到多么沮丧，
这起码显示孩子能够独立思考。

28　巧用赞扬，会让孩子更有动力

恭喜！你已经成功地读到法则第 28 条。即将成为一个完全精通养育法则的父母，你几乎走完了近 1/4 的路途。

希望这番话能让你备受激励——这就是赞美的目的。像我们这种遵循养育法则的父母都知道，如果我们做得好，来自父母的鼓励将成为孩子最大的动力。父母不会眼看孩子生日过去，却不送礼物，所以，也不要对孩子各种大小成就，视若无睹，不予夸奖。

但这件事可没这么容易吧？有多少我认识的家长能有智慧地使用赞美？父母必须以恰当的方式，对合适的事情，给予孩子恰如其分的赞美。

"好话再多不为过。"这种话当然不适用于赞美。不是说父母要吝于赞美孩子，但是父母应该视孩子的表现来夸奖孩子。如果过度赞美孩子，那么赞美就不值钱了。当孩子表现寻常的时候，你赞美他们无与伦比的出色，那么当孩子有真正极为出色的表现时，你又该说些什么？还有，如果孩子每件小事都会获得滔滔不绝的赞美，这样一来，孩子也会害怕偶尔会有让你失望的时候，而他们并不需要这样的压力。

你可曾静下来思考，你会为哪一类事情赞美孩子吗？如果你总是夸奖孩子在校成绩优异，却从来不曾夸奖他们行为举止得体，这会让孩子认为你的价值观是什么？你是否更多地因为孩子赢得比赛得奖而夸奖孩子，多于夸奖他们做事认真努力？你当然不会这么做，因为你是位遵循养育法则的父母，但是有许多家长就会这么做。

还有许多家长忘了要称赞孩子举止得体，因为他们认为这是理所当然的。但是孩子真的很希望父母注意到他们的良好行为："你忍着没在小花阿姨面前掏鼻孔，很不错呢"、"你虽然累垮了，却忍耐着，没有抱怨，真是很棒……"这些赞美让孩子知道，下一次还是值得好好表现出良好行为。

现在，在你完全驾驭这条法则之前，关于赞美的最后一个重点。下列事件中，你认为孩子最喜欢听见的是："你画得好棒喔！"还是：

"你画得好棒喔！我喜欢看见你有办法把这几匹马画得好像他们真的在动。你怎么画的?"对啦！赞美要尽可能具体，也可以对孩子发问，这样做真的会让他们喜形于色。

你是否更多地因为孩子赢得比赛得奖而夸奖孩子，多于夸奖他们做事认真努力？

29　让他们了解哪些事最重要

等等，我还没说完赞扬呢！好吧，现在我们知道该如何有效地表扬孩子了。但是你有没有停下来想一想你表扬孩子的理由是什么？现在想一想。

我知道家长常常因为孩子赢了而表扬他们。有时是体育比赛，有时是学习成绩。还有些家长会因为孩子行为有礼貌而表扬他们。表扬的理由还有长得漂亮或很"乖"。

我们用来赞扬孩子的理由比任何事都能更好地告诉他们我们的价值观。孩子们会用这些来评价人生中哪些事情最重要。如果因为看起来很漂亮，或者赢了，或者把盘子里的食物都吃掉就会得到你的肯定，他们就会无意识地认定这就是最重要的事情，他们会不遗余力地为此努力以得到你的认可。在他们的人生起点上，他们会把这些事情看得非常重要。

　　这意味着你有着重大的责任要为正确的理由而赞扬孩子。如果你总是因为孩子学习好而表扬他，却从不因为他举止有礼而表扬他，这会向他传递你的何种价值观？你是否经常会因为孩子赢了而赞扬他，而很少因为他努力尝试而赞扬他？不，你当然不会，因为你学习了本书的规则。但是很多家长会这样做。

　　这并不意味着如果孩子对自己的成绩在班里名列前茅感到十分满意，或者赢了比赛，你不可以说"干得不错"，但是要注意你的措辞。

　　从好的方面看，赞扬是使孩子领悟到对你来说重要的、有价值的、十分有效的方法。告诉孩子"你费力地让阿里加入你们组很让我感动，他是新来的，又那么腼腆"会让孩子记住友善和体贴是重要的好品质。"虽然你很紧张，但还是报名参加了攀岩课，我真佩服你。"或"没能得第一没有关系——我看到你付出了那么多努力。"都是很好的赞扬。

　　作为家长，你要意识到哪些价值对你很重要，并找机会将这些价值观传达给孩子。用表扬的方式（但也不能用得过多）来鼓励孩子

努力学习、体贴他人、无私奉献、勇敢果断、心怀慈悲，或者你认为
重要的其他品质，这是非常积极的方法。

你是否经常会因为孩子赢了而赞扬他，而很少因为
他努力尝试而赞扬他？不，你当然不会，因为你学
习了本书的规则。

30　教会孩子如何面对失败

这与赞扬孩子正相反。当孩子没有做好一件事时，他们需要认清现实。通常他们会清楚地意识到自己没做好。如果你想告诉他们一切都好，他们会知道你没说实话。也许他们也愿意相信，但是在内心深处他们什么都知道。所以，如果你这么安慰他们的话，只会让他们感到困惑：

- "考试前你感冒了，所以你才没考好。这一点儿都不奇怪。"
- "他们不应该让那个女孩在 12 岁以下年龄组参赛。她和成年人一样高。"
- "裁判偏心，本该是你赢。"

但这并不是说，你应当告诉孩子他们一文不值，或者他们让你失望（我知道，你当然不会这么做）。但是，如果他们不接受失败，那么又怎能从错误中学到教训？如果你告诉孩子他们只是命运的受害者，没有任何教训可学，那么你这不是在帮助孩子，而是剥夺了他们学习的机会。

如果你愿意，你可以给他们提供中肯的意见。你可以说："你虽然没有取得好成绩，但是你的做法令人尊敬。"或者诸如此类的话（要真实）。但是你也可以什么观点也不表达。更有益的做法是让孩子看到他们可以改进的地方。所以一开始可以这样问："你觉得这件事进行得怎么样？"这么问完全不是因为你对他们的失败感到失望，而是要让他们真正振作起来。等到他们成功了，你就可以让他们享受（他们眼中的）胜利的喜悦了。

如果他们对自己的表现感到不满意，问问他们为什么没能做到更好。如果孩子想要指责裁判、老师、其他孩子，家长要温和地指出他们是在回避真正的问题。

问问孩子下一次会怎么做。记住，孩子们不一定非要参与激烈的竞争。有时最好的答案是不再去争名夺利，或者即使没做好也不会放在心上，或者去享受比赛或练习的过程而不是只在意结果。当然，有的时候孩子们就是想赢。这就需要他们进行更加艰苦的训练，或者前

一天晚上得到充足的睡眠，或者反复练习单腿旋转，或者更加努力复
习。如果能够看到下一次可以做出哪些改进的话，他们就能够更好地
面对失败。看到至少有一些成功的因素掌握在自己的手里，对他们而
言也是颇有助益的。

　　另一个对孩子有帮助的问题是问问他们谁应该赢或得第一名。如
果你能够鼓励他们坦诚地面对现实，他们往往就会意识到结果是公平
的。这样他们就会知道下一次该向谁学习了。

　　一旦你的孩子客观地了解到自己的不足，了解到下一次该如何避
免这种失望，你就可以说些真诚的赞美之辞："也许你跑得不是最快
的，但是你显示出了不起的决心。"当然，要记住，赞扬的理由非常
重要。

**　　如果他们对自己的表现感到不满意，问问他们为什**
么没能做到更好。

31 要让孩子知道行为底线

我曾见过邻居 4 岁大的孩子，跳上围着他们家院子的矮墙，在上面跑来跑去，当时我注意观察我邻居的反应。这件事听起来好像没什么大不了的，但是矮墙的外侧有着落差 4 米多高的水泥地停车场。当时我看起来一定是一副吓坏的样子，因为她看我的反应后说："我告诉他不可以在上面跑来跑去，但是他完全置之不理。能拿他怎么办呢？"哇！我完全无言以对。

你和我都清楚，对我邻居的问题，只有一种回答："告诉孩子，不准这样做，而且要说到做到。"这真是一个十分鲜明具体的例子，说明孩子需要界定规范，设立界限——就这个例子而言，这是为了这个可怜的小家伙的人身安全。事实上，这个孩子就是最好的例子，它告诉我们，当父母不为孩子界定清楚的规范时，接下来会发生什么。

背着他们一家人，大家都叫这孩子"浑小子"，因为他真的很野。他总是一直越界犯规，试探他到底可以为所欲为到什么程度。显然他的父母并没有为他设限。

这个孩子常常乱捣蛋，他没有多少朋友，他也一定认为，父母一点都不关心他。毕竟，如果他的父母真正关心他，他们会允许他在一堵落差 4 米的墙上跑来跑去吗？他们会允许孩子为所欲为吗？

对小孩子而言，外面的世界是个令人害怕的地方。对大人而言，世界也颇为可惧。孩子所能获得的最好保障，就是有一套清楚的规矩和规则，所以孩子能十分确定，自己置身于安全界限内。孩子会不断试探界限所在，特别是当他们还小的时候，这不是因为孩子想要拥有更广大的界限，而是因为孩子想要确定，这些界限没有变动。父母的职责就是，让孩子清楚这些界限，并且保证，这些规范不会改变。所以，每次孩子爬上那堵墙，父母就要明白告诉他"不可以"，如果有必要的话，就把孩子从墙上抱下来。能这样做，父母就会有一个安全、自信，又快乐的孩子。孩子能够从周围的世界学习，因为他们知道这个世界不会任意变动，并且知道父母很爱他们。

顺便说一下，父母双方都要共同执行（如果你不是单亲的话）。

如果一位家长执行所设定的限制，而另一位家长纵容，那就毫无用处，这样只会让孩子更加困惑。父母必须共同承担扮黑脸的角色（在养育法则第38条中，我会再详加说明）。父母双方在某些千奇百怪的细节上有所差异没有关系（也许爸爸讲故事的时候，总是让孩子坐在腿上，而妈妈喜欢和孩子一起蜷缩在毛毯下）。但是如果想要拥有健康又有自信的孩子，父母双方在所有重要的原则上，都必须要同时执行界定的规范。

如果想要拥有健康又有自信的孩子，父母双方在所有重要的原则上，都必须要同时执行界定的规范。

32   贿赂不见得是坏事，有时反倒是鼓励

在父母看来，"贿赂"真是声名狼藉，大家都认定这是挺糟糕的一招。不过，且慢，让我们先为"贿赂"下个定义好吗？假如孩子行为嚣张，而你告诉孩子，你会给他10元钱，好让他闭嘴，守规矩。好，我同意你的看法，这就是贿赂。但显然我们都不会这样做。

那么，对下面这种情形又该如何呢？孩子在某特定时间，行为表现绝佳，但是你猜想好景不会持久，而或许你紧接着要拉着他们一起外出购物，或是要叫他们做作业，整理房间，吃蔬菜，关电视，上床睡觉，或是做任何常会引起孩子负面反应的事情。所以，你告诉孩子，如果他们能继续保持良好行为，你会给他们某种奖励。你认为这也是贿赂吗？

我不这么认为，让我告诉你为什么。以前当我还在大型企业工作

时，公司总是告诉我，如果我能胜任某项工作，就会有升职机会，或是，如果我的业绩达到某个标准，就会获得红利。这和上述情形有何不同呢？公司可不把这些做法称为贿赂。让我告诉你，他们把这称为激励，并且认为这是一种很好的做法。

所以，让我们不要笨到不给孩子动机性的奖励。只要你不要等到不良行为出现才采取行动，这样做是合情合理的方法。

当然，父母对给孩子什么样奖励要万分小心。如果父母总是运用奖金，那就是传递一种很消极的信息给孩子，告诉孩子，世俗的运作与金钱息息相关，更别提如果最后孩子希望落空，分文未得。还有，家长所给的奖励，应该符合对孩子的相对要求。不要因为孩子随手挂起几件衣服，你就买下一整衣柜的衣服给孩子作为奖励。

理想的做法是按劳计酬。如果父母在商店购物时，孩子表现良好，购物完毕，可以带孩子到公园玩。如果孩子早上能自己起床，那么你可以让他们晚15分钟上床睡觉。如果孩子能连续两个月保持自己房间整洁，你可以增加他们每个月购买玩具的零花钱。

你没忘记最好的奖励是什么吧？当然没有。如果他们知道最终会得到父母的赞许，他们会不计报酬地做很多事。所以，父母不必每天绞尽脑汁烦恼嘉奖孩子的办法，很多时候当孩子听到父母说"如果你……，我会很高兴/感动/开心"就够开心了。别忘了在事后告诉孩子，你有多么高兴/感动/开心。

理想的做法是按劳计酬。

33 你对儿女咆哮，他们长大后也会大吼大叫

有了孩子，你们就成为一个家庭，不再是自由自在、不受拘束的一对夫妻，而是一个完整的家庭。家中成员彼此互动，这表示家中每位成员的情绪会彼此影响。有些人比较不容易受到周围人士不佳情绪的影响，仍能保持快乐心情，但我们多数人的情绪，则会随着周围人的心情而受到波动。

做一名遵循养育法则的父母，你必须清楚，你要为家庭成员的情绪负责。我不是说每次家中有人不高兴，就是你的错。我只是表示，如果有人沉浸在阴霾的心情里，或是家人彼此争吵，不要寄望有人会自动停止发牢骚和咆哮，不再生闷气，乱抱怨，不为小事斤斤计较，停止吵闹不休。如果你认为有人该抛开不愉快，让气氛缓和，那最好是由你开始做起。

　　孩子们不了解情绪会传染。他们不了解父母易怒的原因，是因为他们已经让父母累了一整天。当然，你可以开始教导孩子这些事情，但是得等上多年之后。一旦孩子感到心情低落，他们会捣蛋来惩罚你，即使他们知道这样也会连累你，让你心情不佳。"这会给他们一个教训"、"他们自己会想通"。才怪！这得靠大人来打断这种模式，而你是责无旁贷的，如同我前面说过的。

　　我的一个孩子（最好不要点破是哪个孩子）尤其如此。当他还小的时候，常常和我发生冲突。我最气他的是，他从来不会服软，即使在我对他怒气大发的时候。最后，我太太总是小心翼翼地找到恰当的时机告诉我，也许这和我自己也从来不服软的态度有关。我以自己为榜样，教给孩子一个对解决冲突毫无益处的方法。

　　虽然这件事听来不见得中听，但我要说：会对儿女咆哮的父母，比较可能养育出会大吼大叫的儿女；会对儿女生闷气的父母，也会鼓励孩子生闷气；总是喜欢无病呻吟的父母，较容易有喜欢无病呻吟的儿女。孩子不是每次都会如此反应，而是比在没有这种榜样的情形下，更容易这样做。再不然，根据不同孩子个性不同，其结果也可能是孩子会走另一种极端，（比如说）不像父母一样易怒，但他们会对

周围的人动怒而感到不舒服；不然，起码会对"怒气"这件事，有
特殊的"情结"。

　　如果你希望孩子学会成熟地驾驭情绪，那么父母自己就要以成熟
的方式来驾驭自己的情绪。当然这是往好的方面看。父母能影响儿女
的情绪（以及孩子掌握情绪的方式）往好的方面发展，如此一来，
就会对每个人产生良性循环。

　　如果你希望孩子学会成熟地驾驭情绪，那么父母自
己就要以成熟的方式来驾驭自己的情绪。

34 父母有好的饮食习惯，才能培养孩子好的饮食习惯

我不是要告诉你，你该给孩子吃哪些食物。对此，我一无所知。我可不知道你是否是个素食主义者。你可能对甜甜圈上瘾（我倒满能理解这点），还是对苜蓿敬而远之。你得自己决定，如何负起喂养孩子的责任。有许多健康的饮食方式供你选择，同样的，显然也有不健康的饮食方式需要避免（我很遗憾地说，像甜甜圈就是）。

但是不管你给孩子吃的是什么，孩子的饮食习惯一旦形成就很难改变。所以，父母要确保建立孩子良好的饮食习惯。也就是说，养成那些让孩子能轻松享受健康人生的习惯。

在我成长的年代，饮食习惯和现在大相径庭。我母亲那代刚经历过战乱，经历过配给口粮的日子，没有肥胖问题。结果，对我母亲而言，我所养成的许多习惯是合情合理的，但对我而言，则毫无意义。

　　例如，妈妈要我吃光碗里的食物，没有吃完饭菜，不准离开餐桌。当我还是个小男孩时，妈妈给的饭量很少，还不成问题，但是当我长大以后，这种习惯对我的体重就没好处了。甚至当我真的很想减肥的时候，我发现自己很难不把碗里的东西吃个精光。而现在，我希望我的孩子把自己盛的食物吃完，但是如果他们无法吃完碗里的食物，他们可以随意，我不会强迫他们吃完。

　　还有一个例子，小时候我要吃完主食才能吃布丁。这教会我什么事呢？香甜浓郁的布丁是我心之所系，而美味的食物则只是必经的炼狱之路，好达到甜美的目标。我可以告诉你，这对保持健康的体重毫无好处。我如何让我的孩子避免这一点呢？除了请客时，我们家几乎不吃布丁，当然，我们也不要求孩子要把正餐吃光。

　　还不只如此，我每次情感受挫时，就得到一块糖吃，每次表现杰出时，就得到一块糖做犒赏。还有，这是我无法卸下的沉重负担：我每逢心情低落，就会吃块甜点安慰自己。我告诉自己，当我写完这一组法则时，就可以吃块蛋糕。

　　你正在为孩子建立什么样的饮食模式呢？也许你的孩子遗传良好，永远不会因为饮食习惯而有体重过重的困扰，或是其他健康问题；也许你的孩子需要有一套和我小时候截然不同的饮食习惯；也许你有比我更好的良策来避免上述饮食模式。我无法再次提供完整的答案，我只是要告诉你，要注意你为孩子养成的饮食习惯，确保孩子养成你希望他们拥有的良好饮食模式。

不管你给孩子吃的是什么，孩子的饮食习惯一旦形成就很难改变。

35　要询问意见，也要聆听回应

　　父母很容易把孩子当成局外人。开始是孩子太小，难以理解；当孩子大一点，你又没有养成跟他们沟通的习惯。没关系，孩子的参与，只有让事情变得更棘手，但想要整个家庭团队运作顺畅（运气好的话），也需要他们的参与。

　　那么，我干嘛还要极力鼓吹亲子沟通呢？亲子到底需要什么样的沟通呢？让我举几个例子。家中有客人时，你每次都会事先告诉孩子吗？如果是孩子乐意见到的人来访，你大概会先告知，但如果是孩子根本不认识的客人呢？到家里来量新沙发套的人？修理洗衣机的人？你每次带着才一两岁的孩子上车出门前，会告诉他们你们要上哪里去吗？对你而言，目的地是显而易见的，但是对孩子而言却未必如此。

一定不要忘记，沟通是双向的。是的，你要告诉你的家庭成员家里发生的事（最好也告诉他们原因），而且你要询问他们的意见，真正聆听他们的回应。要度假前，你会先询问孩子，想到哪里度假吗？他们快到青春期时，不等你问他们，他们大概就会提供意见，但是当他们只有六七岁大的时候呢？

如果你要换车，会告诉孩子吗？你会询问孩子的意见吗？好吧，你可不会因为孩子喜欢，就换一辆超级跑车兰博基尼（Lamborghini），但是你可以问孩子，他们在意的是什么——后座空间宽敞，车顶有放冲浪板的车架，还是有天窗。毕竟在孩子表达意见后，他们更可能会对你最终的选择感到高兴。

如果你每次都做到上述事项，我给你满分。其实，这本书根本就应该由你执笔，而不是我，因为我仍无法做到记住每件事。但是我还是会记得想一想，如果让孩子觉得自己是家庭一分子，这对他们会有多大的影响？有时，让孩子知道家中的情形，他们还真是能发挥智慧、派上用场。他们点子多，这些点子需要经过筛选，不过其中不乏父母想都想不到，却真正管用的建议。

你每次带着才一两岁的孩子上车出门前，会告诉他
们你们要上哪里去吗？

36 设立明确的目标，并认真执行

这是我从商业界学到的法则，而且是极有价值的一条。好的经理人总是很注重设定目标，朝特定目标努力，而他们这样做，绝对正确。如果你的老板告诉你：“销售量要再高一点！”你会很困惑。你不知道这个月你努力增加的 10% 销售量，会让老板失望，还是为之惊喜。而且你大概已经猜到了，老板自己其实也没概念，否则，他会清楚告诉你：“你要增加 10% 的销售额！”

所以，从工作中，我们知道，清楚的目标让我们感觉好些，因为你知道老板的期望是什么，而且会感受到，老板在意我们的工作表现。很好，那我们为什么要告诉孩子：“房间弄整齐一点”，“养兔子的笼子要常常清理”，“不要花那么多时间玩

电脑"?

　　你难道听不出来吗，这些话中所透漏出的潜在含意是，你其实并不像你所说的那么在意。以下哪种说法，听起来比较具有说服力："不要花太多时间玩电脑"，还是，"你每天可以有 2 个小时的时间玩电脑"? 哪一种说法比较容易让孩子了解?

　　有时候我们的确不够认真，但是有时候我们只是没有停下来，想想孩子是否明白我们话中的含意。"养兔子的笼子要常常清理"，这句话对父母可能十分清楚，但是孩子对你真正的意思可能毫无所悉。这是表示要一个星期清理一次，还是一个月清理一次? 一个星期换两次草料，每两个星期换垫底的木屑? 如果你想调动孩子的积极性，执行你的要求，觉得你的确在意，那么父母就要把话说清楚。然后，最重要的是，认真执行你的要求。

　　几年前，当我要求孩子整理她的房间时，才真正理解这条法则。后来我上楼去，发现她的房间几乎跟原来一样乱。当我因此想惩罚她时，她看起来很伤心，她说："但是我已经清理了啊，你看!"事实上，她的确把地上的东西都捡起来了……就这样而已。这时我才明白，这是我自己的错，我不只没让房间清理干净，而且对女儿也有失公道。

有时候我们只是没有停下来，想想孩子是否明白我

们话中的含意。

37 不要唠唠叨叨，但口气要坚定

最近，我读到一篇有趣的报道，研究"唠叨"这件事（不知道有多少人就此事向这些研究人员讨教）。他们发现，如果你对人唠叨不休，不说还好，一旦开始唠叨，别人其实反而不会去做你想要他们做的事。

如果不唠叨，如何让孩子做事呢？唠唠叨叨的口吻会令人心烦意乱，这就是为什么唠叨如此令人厌恶。而且当唠叨变本加厉时——遵循养育法则的父母，请千万自制——你会叨念起孩子的性格，而不仅是孩子的行为。所以，"你没有关门。"是一项合理的指责，而"你从来都不关门。"就是一种唠叨。更糟糕的情况是严厉谴责孩子天生的性格："你从来都不会替别人着想"，"你总是笨手笨脚"。如果你这样对待儿女，你会让他们变得更糟，而他们是无辜的。

　　我们实在不需要用这种令人厌恶的口吻，更没有必要做人身攻击。父母应该做的只是，用坚定的语气要求孩子，然后让他们清楚知道，如果他们不照要求做会有什么后果。就像这样："请去做功课，如果 6 点之前没有把功课做好，我就得把电脑关掉，直到你做完功课为止。"然后，6 点以前都不作声，届时有必要的话，就关掉电脑。如果这是你的标准做法，不用多久，孩子就会了解，你不是在开玩笑。

　　有一次，我到朋友家吃午餐，我们要用餐的餐桌桌面上放满孩子的玩具、书画、糖果、扑克牌、废纸。我开口（有点忐忑不安）要帮忙清理桌面。"喔，不用。"主人说，"不用，孩子会清理。"我心想，孩子忙着在做别的事，她怎么有办法在烫青菜的水开以前，叫孩子把桌面清理干净呢？但是女主人走到厨房门口，用愉悦的口吻说："10 分钟内，餐桌上的东西就会被清到垃圾桶了。"显然孩子已经习以为常——而且他们以前已经很清楚，妈妈不是口头说说而已——所有的孩子马上都聚集过来，5 分钟后，桌面已经清理干净，可以上菜了。不用唠叨——妈妈只说一次，而且要让孩子知道，如果他们把妈妈的话当耳边风有什么后果。

　　关于唠叨，还有一点值得一提。头几年，孩子虽然可以胜任某些工作，但是期望他们自己记得去做并不合理。所以与其生气孩子又忘了喂小仓鼠，很想数落他们一番，还不如用让大家都愉快的方式处理。孩子负责喂小仓鼠，但提醒他们喂食的工作则是父母的任务。现在，你需要的是有人对你唠叨，提醒你要记住这一点。

　　我们实在不需要用这种令人厌恶的口吻，更没有必要做人身攻击。

管教篇

我不知道你怎么想，不过我不喜欢"管教"（discipline）一词。这个词的意义是斥责、处罚，甚至（天理不容的）殴打，或是"孩子需要的是看管而不是倾听"——诸如此类的东西。

然而，只要对这个词本身不再厌恶，管教对父母而言，其实是方便好用的基本技能。做好管教这件事，当起父母就容易多了，孩子也会比较轻松。没错，孩子是优质管教的最大受惠者。我们已经讨论过界定规范（养育法则第31条），而管教则是有关如何执行与强化规范与界限。

父母能处理得当，根本就无须斥责与处罚孩子，更无须体罚。这样大家都开心。

38　建立统一战线，不要一个扮黑脸，一个扮白脸

　　如果你向上司要求多休一天假却被否决，你会感到失望，但你会忍耐，你没有权利提出这样的要求。但是，假使你又去问上司的主管，而他说："好，没问题。"这样一来，场面会变成怎样？

　　你虽然不确定是否可以多放一天假，但是你很清楚，上司的意见无足轻重。假如上司下次再拒绝你，你知道可以去找谁。事实上，下次你根本可以不用问你的上司；而同时，你的上司会觉得自己被轻视了，而倍感挫折，也许他会生他顶头上司的气，也会明白自己不再获得你的尊敬。而你上司的主管会发现自己失去你上司的尊敬，并且让自己陷入一种境地，以后你还会再有别的请求，而你会期待他大开方便之门。

　　困惑吗？这一点也不令人惊讶。父母不一致的管教也会导致各样

困扰与挫折，会颠覆权威。反之，如果你上司的主管一开始就支持你上司的决定，那一切事情就简单多了。

　　你必须明白，当你削弱配偶的威信，那并非对孩子好，你只是希望孩子会多爱你一点（没错，承认吧，这就是最终的原因）。其实你会让孩子感到困惑，破坏孩子对你们俩的尊敬，并且动摇孩子对一切重要规范所持的信心。

　　即便你是单亲，也无法摆脱这样的问题。这个法则仍适用于有人与你共同负担子女责任的情况。与你们一起度假的父母、你的保姆，星期二下午孩子放学后，帮你看小孩的朋友，都在此列。

　　如果你想要孩子有安全感，夫妻就要彼此互相支持，这也表示你们要轮流扮黑脸。这种做法很宝贵：孩子对于规范一事，会觉得更快乐、更清楚，而且孩子会更加尊敬（与敬爱）你们。

　　当然，父母无须事先对每个细节达成一致。遇到具体问题，父母只要保持一致就行，不管对方说什么，当孩子质疑时，另一方都会声援就好了。"如果爸爸说不可以，那么答案就是不可以。"事先需要了解的重点是，除了在大是大非问题上你们必须达成一致外（养育法则第 13 条），你们彼此赞同比你们赞同的内容更重要。

你们彼此赞同比你们赞同的内容更重要。

39　奖励胜于处罚，但不要过度

还记得自己小时候的事吗？回想过去的时光——你当然会记起来。假如老师告诉你，下次数学考试考得好，就给你金星，赏糖果吃，或是在公告板上表扬。然后，另一种方式是，老师警告你，如果考试考不好，下课时间不准出去玩，或是放学后留校察看；体育竞赛，禁赛一场（或者罚你连打两场球——视你的运动细胞而定）。这两种方式，哪一种更可能让你有好的表现呢？

好吧，如果你和我很像的话，那么任何拼写比赛，都会稳操胜券。不过，为了奖赏，我当然会更努力。如果没有意外，你也会更努力。根据最近的研究以及儿童心理学家的说法，奖励在鼓励孩子合作方面富有成效。

这并不意味着，孩子每说声"请"，父母就得奖励他，或是孩子打扫房间，就发奖金。大多数时候，孩子知道父母注意到他们的努力，欣赏并感激他们的付出，孩子就会很开心。所以要让孩子知道："很不错喔，谢谢你！"或是"嘿，不用我开口，你就把房间整理干净，你真是太棒了"、"谢谢你今天早上很安静，让我能在床上多躺一会儿"。这样一来，孩子就会想再复制一次这种表现，好再次博得父母的赞赏。让孩子知道父母注意到他们的努力很重要，所以，父母一定要记得告诉他们，否则就无效了（而且下个星期天，清晨6点，你准会被孩子争吵的声音吵醒）。

遇到重大的事情，必须事先和孩子讨论，使用奖励而非处罚的原则，仍然很重要。告诉孩子，如果他们在公园的行为良好，晚上会做他们最爱吃的饭菜，或者，如果一整个月都能保持房间整齐，你可以答应提高他们每个月的零用钱。

这不是说"大棒"就毫无用武之地（显然，这里说的大棒只是一种象征性的说法），但是在理想世界，处罚只是备而不用，永不须真正派上用场，除非是在行为严重恶劣的情况下。不过即使如此，处罚还是应该与奖励双管齐下。所以，你可以告诉青春期的儿女，如果他们继续晚归，周末会被禁足。然而，如果他们这一整个月都能在规定时间前回家，你愿意将关灯时间推迟 15 分钟。

最后我也要警告大家（不能让你太轻松），要小心，不要因为过度奖励，而让孩子患得患失，因而承受过多压力。如果你告诉孩子，考试成绩很好，就可以拥有一辆自己的车，或是可以开父母的车，这样就给孩子很大的压力。万一孩子失败了，他们会受到双重惩罚，首先是因为考试受挫，接着是无车可开。

孩子知道父母注意到他们的努力，欣赏并感激他们的付出，孩子就会很开心。

40　原则要始终如一，孩子才不会无所适从

我小时候，有一天，我跟妈妈顶嘴，她笑着告诉我，她很高兴我能够为自己辩护；而隔天我说同样的话，却被臭骂一顿。我对她会有什么反应简直一头雾水。而这不仅发生在我顶嘴的时候，其他多数事情也是这样。这表示我多数时候都如履薄冰。

这也表示我根本不知道什么可以做，什么不可以做——那好像是靠某种秘密抽奖而定，而这项秘密，我根本一无所知。所以，我根本无须调整自己的行为。毕竟，我可能会惹麻烦上身，但是也有可能根本没事。所以，总的看来，值得冒险。

你的孩子也是如此。他们需要知道，什么是能接受的事，什么是无法接受的事。而孩子则是依据哪些事在昨天、在前天是可行或不可行来做判断。如果孩子没有接收到前后一致的信息，他们对于自己该

如何做就无所依据。而如果那些很重要的界限（又是养育法则第 31
条）也没有好好执行，这就表示孩子会感到很困惑，没有安全感，
甚至觉得父母不爱自己。

　　我要告诉你执行这条法则最难的一件事：这表示在很多时候，即
使你愿意，你也不能破坏规定。这对孩子是不公平的。如果你已经决
定，不允许孩子到父母的房间睡觉，你就必须坚持原则（除非你准
备要永远改变这个规定）。只因为小家伙今天为某事感到有点难过，
或是孩子刚洗完澡，全身暖呼呼的，抱起来很舒服，闻起来很香，或
是今天你自己的心情有点低落等等。喔，不行，不行，就是不行！不
能这样放任下去！一旦让孩子到你的床上睡觉，下次要拒绝他们，就
会增加 10 倍难度，而孩子也会不理解为什么不可以。现在就对他们
说不（语气柔和，再加上一个拥抱），你只是为他们（和为你自
己）好才会说不。

　　你注意到了吗？我刚才说道，"除非你打算永远改变这条规定"。
当然，改变规则永远是个选项。你也许会突然觉得，如果每天晚上孩
子都和你在同一张床上入睡，生活会更加甜美，不明白自己为什么一
开始会禁止。你当然可以改变这条规定（最好先和你的配偶商量

过），但是一旦改变规定，就有好长一段时间必须加以遵守。任何一个规定，每个月改变一次，和每个晚上加以改变，同样会让孩子感到困惑。所以，一条新的规矩该遵行多久呢？依我看，如果不是永久执行，那也要等到让孩子忘记以前还有不同的规定吧！而孩子越大，他们就得花越长的时间，才会遗忘从前的规定。

在很多时候，即使你愿意，你也不能破坏规定。

41 没什么大不了的，孩子犯错不用大声斥责

十几岁时，有一次我帮忙准备全家的晚餐（你待会就会知道，我用"帮忙"这个字，实在有点言过其实）。其实真正煮饭的人是我妈妈，我只是帮她把冷冻豆子拿出来。不知道为什么，我用手抓着那包豆子包装袋上端的一角，然后用剪刀沿着我手指的下沿，剪开包装袋的一角。可想而知，（除了我手中抓着的袋子一角）整包豆子掉到地上，四处飞散，冰箱和厨具底下、洗衣机底下，还有我们的脚边，撒得满地都是。

我吓坏了，抬头望着妈妈，等着她的高声斥责。那时我妈妈也很紧张，忙着边切肉，边注意不让淋在肉上的酱汁煮焦，炉子上还有蔬菜，但是，出乎意料地，那时我老妈却笑弯腰了。

然后你知道吗？从那次以后，我没有再犯过同样的错误了（是

的，我知道大多数人一辈子都没犯过这类错误）。重点是，我无须被骂才能学会教训。妈妈不是骂我笨（老实说，那显然是满愚蠢的）而是笑了。这大大改善了我对妈妈的看法，以及对我们母子的关系。

当然，不管那件事有多蠢，那真的纯属意外。那么，当孩子存心找茬、顶嘴时，又怎么办呢？即使是在这种时候，父母通常也能化麻烦为欢笑。如果你能掰出个笑话，或是在适当的时刻，以温馨、戏而不谑的方式调侃他们，通常就可以改变他们原来会让你活受罪的心态。如此一来，大家都会比较放松，建立更加亲密的亲子关系。

约翰·伯宁汉姆（John Buringham）写了一本很棒的童书，书名叫做《你宁可……》（Would you rather……?）他在书中问孩子，他们喜欢，例如，全身涂满果酱，被水淋得湿搭搭，还是被狗狗拖过泥泞地？（顺便告诉大家，我全力推荐，我是说这本书，不是说被狗狗拖着经过泥泞地。）我的小儿子很爱这本书，所以，有时候，当他刚要开始调皮，我就问他们问题来化解："你们愿意立刻停止呢，回房，还是在房间里关5分钟，还是接受30秒钟无情的咯吱？"这会引得他们咯咯笑，从而分散他们的注意力。

孩子似乎对不用斥责来制止他们这件事很领情。现在我在想，对某些成年人也可以试试这招。

当孩子存心找茬、顶嘴时，父母通常也能化麻烦为欢笑。

42 对事不对人，不要给孩子贴上标签

我以前认识一位令人肃然起敬的人，她开了一门儿童行为的课程还是讲座之类的。有一次，在某个场合，她告诉我，她学到了一个十分重要的原则："不是孩子顽皮，孩子是好孩子，他不过做了一件顽皮的事。"哦，这是我所听过的最疯狂的正确心理学的例子。于是，我不失时机地传诵这则荒谬至极、令人哗然的忠告。

然而，令人尴尬的是，事实上我必须承认，她所言完全正确。不过我还是忍不住要取笑一下这种说法。"这台电脑没有问题，这是一台好电脑，只是运作有问题。"不过，撇下面子问题，我必须承认，她所说的原则真是千真万确。

一旦你告诉孩子，他们顽皮、自私、懒惰、肥胖、愚蠢、粗鲁、好管闲事、粗心大意，等等，你就是替孩子贴标签。如果他们认同这

种标签（他们为什么不信呢——他们已经习惯了要相信父母的话），他们的行为也会如此反应。他们会认为，"我根本不需要努力，我知道我很懒惰。"或者，"我有什么好在乎的，反正他们认定我顽皮捣蛋。"当然，这不是一种有意识的思考过程，至少在孩子还小的时候不会，但是，如果父母替儿女贴标签，他们会朝着这个方向去做。

你应该做的是谴责孩子的行为而不是孩子本身。你可以告诉孩子："那样做是自私的行为。"或者，"强行进入别人房间的行为很粗鲁。"这样的做法不是针对个人，而只是对孩子的行为表示意见。如果你现在想大声辩护："可是他真的很懒惰！"我不会说你错了，然而要让我说你即使做对了，起码在策略上是不明智的。父母绝对绝对不要当着子女的面说这种话，也不要在别人面前这样说，以免万一话又传回儿女耳中。在儿女吃晚饭连餐桌都不清理，更别提帮你洗碗盘，这样连犯三次之后，你可以把这个标签，悄悄留在你的心里吧。

不过正面的标签就截然不同了。只要这些标签是正面的（不要给孩子压力去做他办不到的事），它们能够鼓励孩子，表现出与此名副其实的行为——思虑周密、事事谨慎、勇敢等等。

父母有时候可以利用这些正面的标签，在孩子行为即将脱轨时，强化孩子的好行为："看见你行为这么粗鲁，还真是让我吓一跳，因为我一直都认定你是个特别有礼貌的人。"这让孩子觉得安心，父母没有放弃对他们的正面看法，所以，要做个"有礼貌"的人，孩子亡羊补牢，为时不晚。

你应该做的是谴责孩子的行为而不是孩子本身。

43　父母给孩子的警告，一定要彻底执行

　　哦，这条法则对我很难，因为我是个很随性的人（这是我的借口）。我说着说着，然后不自觉就会脱口说出一些我根本无法彻底执行，随口瞎扯，甚至威胁孩子的话。不久前，我要我儿子不准看电视一年。这显然行不通，而且跟他所犯的错误也完全不成比例，这样对任何人都没有好处。你是如何摆脱这种窘境的呢？（答案请参阅养育法则第45条）

　　幸好我的任务并非告诉其他父母要以我为师，我只是把通过我观察其他父母所领会到的教训告诉你，而这些父母多半是比我有成就的人。当我犯下上述错误时，我很清楚，而我现在比起从前要有进步（电视那码事除外）。正如你所知道的，这就是成为遵循养育法则父母的关键所在——我们知道自己还有许多努力的空间，而且我们不断

努力。

　　当然，一年禁看电视的最大问题在于，警告孩子所要把握的原则是——父母必须要执行。如果父母告诉儿女，除非他们先把弹珠收拾好，否则不能拿砖块积木出来玩，那么父母一定要彻底执行所言；否则，孩子一旦发现父母所说的都是空话，那他们绝对不会在意父母的警告。

　　我的一位朋友，从来不曾执行过他的警告，结果，孩子很难管教。他的一位很有智慧的朋友的一席话让他有所领悟，决定要试试不同的方法。有一次，他们全家去度假时，他告诉儿子："如果你不停止这种行为，明天就别想出去冲浪。"他儿子心想："哈，我明天当然会去冲浪，老爸向来言不由衷，而且如果我不去冲浪的话，有人就得留守在房子里看着我。"

　　但他始料不及，爸爸这次已经下定决心，要彻底执行警告的话。所以，当孩子持续表现那种行为，爸爸就彻底执行说过的警告，自己也不去冲浪，为的就是要让儿子知道，他是当真的。他的儿子不只没有办法去冲浪，还花了一整天时间，和一位十分烦躁的父亲在一起，因为爸爸碍于儿子的行为，自己也不能去冲浪。不用说，这个方法十分有效，而我的朋友后来对于彻底执行警告一事也大受鼓舞。

　　记住，父母一定要执行警告孩子的话，因此，父母不要给孩子无法执行的警告，让自己没有退路，开口前要先想清楚，别让自己下不了台。

　　孩子一旦发现父母所说的都是空话，那他们绝对不会在意父母的警告。

44 保持冷静，如果你发脾气，你就是输家

孩子们的行为习惯是在我们的耳濡目染下形成的。如果父母常说"请"和"谢谢"，孩子也就学会这么做（时候会到的）。如果我们待人有礼，孩子也会彬彬有礼。如果父母在早餐前，吸食可卡因，孩子会以为这很正常。如果别人不按照我们的意愿行事，我们就发脾气，孩子会认为这是正确的行为。

大多数时候，为孩子们做表率并不难。但是当你的血压开始上升时，那就是能否达成你设定的目标很关键性的时刻——这正是设立良好典范最困难的时刻（真的很难）。所以，当孩子和你争辩时，你怎么对待他们？你有没有尽量保持冷静，不拉高嗓门，听听孩子要说的话？天知道这有多难，但这就是唯一让孩子以相同的反应对待你的方法。

　　不知道为什么，多数夫妻总有一方比较容易对孩子发脾气。如果这个人就是你，不要觉得自己是输家——你的行为非常正常。但是你必须了解，你每一次对孩子发火时，就等于对他们的愤怒反应给予有效授权，而这就使你成为输家。在成长的过程中，如果孩子认为声音大就能得到想要的东西，发脾气是处理冲突的标准方式，那这对他们将来的人际关系毫无帮助。

　　顺便说一下，这个道理对体罚孩子也是相同的。不管你对体罚孩子的看法如何，事实上那是没有用的。有时候，这带给孩子的信息是，打人可以达到目的。如果你在气头上打孩子，那么你让孩子知道你失控了。这对孩子而言是很恐惧的时刻，而且这也意味着，失去控制时施展暴力行为是可以的。如果你很冷静地体罚孩子，这表示你已经彻底思考过，而且得出的结论是，暴力行为是解决问题的方法。

　　如果你经常打孩子，你会伤害孩子的情感，也可能让孩子成为一个小恶霸（bully）。如果你几乎不曾打过孩子，那干嘛不干脆罢手？我的看法是，至少就某些孩子而言，如果你开始动手打他们，那么你什么时候才会住手？如果你的孩子是那种隔三差五就需要一顿好打的孩子，那他们绝对是那种你一开始就不应该动手打的孩子。遵循养育法则的父母不需要动手打孩子。

　　所以，如果你能感觉到自己怒气高涨，知道自己快要发作了怎么办？要学会尽早，在自己还有时间选择别种反应前发现端倪。如果你办不到，有必要的话就快逃，越快越好，摆脱当时的环境，直到自己恢复正常——你可以把这叫做家长的"暂停"（time out）。如果孩子还小，先确定孩子的安全，然后躲到一个安全距离之外（如果必要的话，到听不见孩子声音的地方）直到自己平静下来，直到可以重返战区。此时，孩子也许已经不再钻牛角尖了。

　　如果你经常打孩子，你会伤害孩子的情感，也可能
　　让孩子成为一个小恶霸。

45 放下绝对权威，父母做错了就道歉

有件事到现在应该已经很清楚了，那就是，父母的举止是孩子行为的最好榜样（我假设你们从头开始，按照章节顺序阅读这本书，而不是从这一篇开始读起）。我们已经说过，如果父母不希望孩子发脾气，父母自己就不要发脾气；如果父母希望孩子说"请"与"谢谢"，父母必须也对孩子有礼貌。好，现在这里还有一件父母必须对孩子做到的事，不过很有意思的是，许多父母似乎对这一点有点困难。

我猜那是因为，如果承认自己犯错，你会觉得有损孩子对父母绝对权威的信任。如果父母说"对不起"，孩子会明白，父母不总是完美的。我要告诉你一件事，孩子迟早会自己想通这点的。倒不如就让孩子失望一两次，让孩子看到，父母不是神，父母也会犯错。

父母在犯错时越能从容地向孩子道歉，孩子也就越能知道，承认错误并不会被轻视，连他们所景仰的大人也都愿意这么做。然后，他们也会明白，人人都会犯错，没有什么好羞耻的。是的，明白错误，愿意改正，千万不用感到羞耻。你必须让孩子知道，一旦意识到自己伤害或冒犯别人，引起别人不便、惹人不悦时，就本能地道歉。

我还要补充一点，某些大人羞于向人致歉，更甭提他们的孩子。如果你有困难坦承自己的错误，你现在就必须正视这个问题，以免教养孩子仿效你。我了解，就定义来说，如果你就是这类父母，你不会愿意承认这点。但我深信，你绝对能够从小处着手，做个遵循养育法则的父母。嗨，你办得到的，为人父母能认真面对自己的缺点，就能免于让缺点传承给后代。

还记得我在养育法则第43条中提到，我惩罚儿子禁看一年电视？在这种时候，唯一的解脱办法就是，直截了当地告诉他："对不起，爸爸错了！我发脾气了，这样很不应该，我还因此做出一个极不合情理的处分。我当时应该告诉你禁看电视一周，所以，如果你的态度再这么恶劣的话，我就会这么办。"很没面子吧！但那也是我自找的。

为人父母能认真面对自己的缺点，就能免于让缺点传承给后代。

46　和孩子起冲突，要记得给孩子台阶下

你跟孩子起冲突，也许你处理得当，也许你没处理好（你只不过是个凡人）。不过，你毕竟是个遵行养育法则的父母，所以，情况应该不至于太糟。另一方面呢，孩子完全失控，被关进房间去了。

接下来怎么办呢？这很关键，而我之所以把这列为一条法则，是因为我看过有些父母错得十分离谱。孩子后来下楼来了，有点忏悔的样子，甚至带点歉意，但是父母又开始叨念孩子刚才的行为有多恶劣。孩子又接着为自己辩护、顶嘴，然后又被叫回房间。或者是，父母有一阵子不和孩子讲话，生闷气。

无论哪种方式，你都不能让孩子挣脱他们努力想要平复的恶劣情绪。我最近听到一位家长对向他说对不起的孩子说："重要的不是说抱歉，而是不要再犯。"当然，这种说法很对，然而说话的时机却不

对。孩子显然会觉得自己还有麻烦，并没被原谅，我都可以想见孩子的表情。

　　最重要的是，让你的孩子知道，父母仍然爱他们。孩子知道要道歉，并且决心改善自己的行为是有意义的。但是，如果父母还继续对他们生气，那他们干嘛自找麻烦。所以，当争吵过去，让孩子知道父母爱他们，迎接孩子回到父母的关怀中。让孩子知道你接受他们的道歉，感谢他们认识到自己要对争吵负责（至少要负一部分责任）。

　　当然，你可能觉得你需要和孩子好好谈谈，就争吵的问题，或是孩子处理事情的态度。然而，不要在这个节骨眼上谈，保留一下，等双方关系重新建立好了再说。对年纪稍大的孩子，你也许会说，以后再和他们好好谈谈，要不然，就等找到好时机再提，如开车时（你拴住他们了）、睡觉前，但可别在不相干的人面前，不管是家人、兄弟姊妹或是朋友。

　　如果你知道自己是那种喋喋不休的人，一定要拒绝重提吵架事件的诱惑，除非真有必要，特别是在面对十多岁的孩子的时候。多数孩子都清楚知道自己犯了什么错，如果每次一有口角就要旧事重提，这会让他们很烦。这样做十分为难他们，所以，除非万不得已，不要折磨他们。

当然，最初的问题还是得解决，不过把这件事保留到双方都心平气和的时刻。

当争吵过去，让孩子知道父母爱他们，迎接孩子回到父母的关怀中。

47　给孩子表达的权力，他们也要宣泄情绪

你可能觉得，如果孩子毕恭毕敬，父母的日子会好过一些。不争吵，不掉眼泪，不用大发雷霆。这样说很对，日子会好过很多，但是长此以往，对孩子并没有好处。孩子有强烈的情绪反应，他们必须能够将情绪宣泄出来。孩子生气的时候，父母必须允许孩子表达情绪。父母的职责在于教导孩子，用一种能令人接受的方式来陈述，而不是毫无理由压制他们的感受。

我知道某些家庭，不管孩子用什么方式表达怒气，孩子发脾气就会遭到责骂。当然，孩子必须学习发怒时不可使用暴力，不可折磨或威胁别人，但是父母必须容许孩子感觉生气，表达愤怒。其实生气也可以理直气壮，而且孩子必须知道，自己可以表达有道理的怒气，而不必受到斥责。孩子需要听到父母这样说："我完全可以理解你为什

么会生气，但你还是不应该诅咒妹妹。"

如果不允许孩子宣泄情绪，他们就无法排除情绪——即使是大人也有这种难题。如果孩子只能把情绪全部藏在心里，这样会导致心理，甚至生理问题。更有甚者，他们会成为一个无法表达自己情感的大人，这对他的各种人际关系都会造成重大伤害，特别是与他的亲密伴侣的关系。

在成长的过程中，从来不和人吵架的人长大后可能无法了解，即使发生争吵，事后也会恢复平静。所以，他们会很怕和配偶发生争吵，避免配偶会离他们而去。这表示夫妻彼此有问题也无法疏通，不满与日俱增，情绪抑郁，而这些都是不健康的做法。

我知道，我们还在讨论管教孩子这一部分，不过趁着我们还停留在讨论表达情绪的主题，我想强调哭泣对孩子有许多好处，大人们要有此认识。很多父母不会因为孩子哭泣而教训他们，但是，我总听过父母告诉孩子："不要这么幼稚。"但显然对孩子而言，他们就是觉得这么难过，要不然他们就不会哭了，不是吗？孩子上学后很快就会学到，不要在不恰当的时机（场合）掉眼泪，对此，你就不用操心了。

很多年前，我从一个很要好的朋友身上学到，当有人掉眼泪时（对大人也一样），正确的反应不是："好了，好了，不要哭。"而是："哭出来就对了，哭出来吧，哭出来吧!"

如果孩子只能把情绪全部藏在心里，这样会导致心理，甚至生理问题。

个性培养篇

问问那些拥有两个孩子以上的父母（很可能你自己就是），他们会告诉你，每个孩子都不一样。孩子可能有相同的亲生父母，在同一个家庭一起长大，上同一所学校，过一样的假期，但他们却可能有天壤之别。

这会对你培养孩子的方式有所启迪。父母的目标在于发掘孩子的特质，而不是把孩子塑造成父母喜欢的模式。这点毋庸置疑，毕竟你是名遵循养育法则的家长，那么你该怎么做呢？这就是以下这套法则所要谈论的。遵循这些法则，你就能帮助孩子发挥秉性，成为一名优秀、独立、自信、思想自由的人。

48 找出恰当的激励机制，让孩子得到真正渴望的奖赏

我有一个孩子，你可以说服他做任何事。因为他认为不做某件事，会让你对他失望。这样当然有好处，虽然我必须要小心，不要让他心理上感觉受到胁迫。他急于取悦父母，也让我可以用这一点来激励他。当然啦，在他完成任务之后，我必须记得告诉他，我有多么喜悦与感动，告诉他我以他为荣。

我的另一个孩子，对我的赞成或反对，丝毫不以为意。对他而言，那是他自己的事情。但在另一方面，他十分在意自己是否看起来成熟、负责。所以，这就是我用来激励他的杠杆。

我的每个子女都有不同的激励方式，而这些方式不见得能激励我（不过我发现，巧克力对每个人几乎都有效，但显然，我们不应该用甜食来引诱孩子，养育法则第34条）。有些诱因属于心理性质——赞

美孩子，称赞他们的表现如大人般成熟，告诉孩子他们令人感激或受到赏识。有些孩子则需要更具体的形式以资鼓励，如赋予他们更多责任，提升他们在家中的地位，提高零花钱的额度，给予更多自由等等。换言之，父母可以委以孩子煮饭给全家人吃的重任，允许他们买让他们在朋友间受瞩目的衣服，或延后他们的上床时间来作为奖励。

　　重点是，父母不能在每个孩子身上使用同一套激励方法，因为这是不管用的。这种做法不仅使父母无法让孩子有最好表现，孩子也无法得到他们真正渴望的奖赏。所以，父母要仔细思考对孩子有效的激励方法是什么，然后想办法善加利用。你所用的特定奖励，要随着孩子的年纪而有所改变，但是你或许会发现，你那特别热爱自由的两岁孩子，会长成一个特别热爱自由的青少年。虽然，允许他爬楼梯不用牵父母的手，已经不再能激励他。

　　偶尔，在极少数情形下，父母要想法子处罚孩子，而不是奖励他们。不同的孩子对不同的警告反应大不相同。某个孩子可能不在乎你一个星期不发零花钱，但另一个孩子可能因此而痛不欲生。父母要思考的，还是那些相同的原则——给孩子自主权或零花钱，在家中赋予孩子某种地位，赞美孩子。

所以，父母不要认为每个孩子都一样，也不要以为孩子和你一样。有时候父母要花很长的时间，才能找出正确的激励方式，但只要你多想多尝试，你总能找到。

父母要仔细思考对孩子有效的激励方法是什么，然后想办法善加利用。

49   父母的职责就是发掘孩子的优势与特长

我有个表弟，他有严重的学习障碍，身体协调性也很差，这使得艺术、运动、演奏乐器，对他而言都变成十分困难。老实说，这么多年来我们都看不出他在哪方面会有发展。他的哥哥是个极有天分的音乐人，喜爱听音乐。后来，大家慢慢发现，虽然他没有办法像哥哥一样，擅长弹奏乐器，但是他酷爱音乐欣赏。如果你在车上放音乐，只要听到乐曲前两个小节，他就能大声哼出歌曲开头一段音乐。没错，他有他出色之处——他可以在"听前奏猜乐曲"的竞赛中，打败所有人。

现在，多数孩子的运气都比他好，他们没有这么严重的障碍阻挠他们。不过，上面的例子显示，即使是面临最严峻考验的孩子，仍有所长。孩子需要知道自己有所擅长，为了他们的自尊心——"听前奏猜乐曲"也算数。如果你希望孩子在成长的过程中，觉得自己能对世界有所贡献，抬头挺胸，这就是起点。随着时间推移，孩子会有自信，会发掘自己其他长处。有些孩子样样精通，而有些孩子则只在自己喜爱的少数几件事上，展现优点。父母的职责就是继续发掘，直到找到孩子的特长，并且要让孩子知道这一点。

　　他们所擅长的不必是学业，也无须是与学校活动相关的事项（音乐、体育、艺术等），虽然这些活动也都满可取的。孩子的特长可能是记忆力绝佳，可以提醒父母那些忘了记录在购物清单上的事项；孩子也可能是家里最擅长组织与整理的人，可以把所有的影碟整理得井然有序；也许孩子有一手好厨艺，能做起司意大利面，好吃的不得了；或者他很会照顾动物。父母要让孩子明确知道自己所长——也许更重要的是，要让孩子知道，父母了解他们的长处。

　　顺便说一下，这一点对于家中排行小的弟妹，更为重要。老大通常会有很长一段时间，几乎在各方面的表现都会优于弟妹。如果家中孩子多，那么年纪较小的孩子，就很难受人注目（我在家排行老五，所以我很清楚自己在说什么）。因此父母要让排行小一点的孩子，找到自己的位置。

他们所擅长的不必是学业，也无须是与学校活动相

关的事项（音乐、体育、艺术等）。

50 欣赏孩子遗传到的特质

女儿还小的时候，我从她身上看到她奶奶和她外婆的影子。我不想触及太多私人的感受，但如果我能有所选择的话，我可不想让女儿成为这类型的人（至少不会同时兼具上述两者的特质）。她长大以后——唉，我从她身上看出甚至更多奶奶和外婆的影子。当然，她遗传了她们某些优点，不过，对此我并没看到，反而是她们那些缺点，一直出现在我眼前。

但不管怎样，她终究是我的女儿，我无条件爱她。所以我学会爱惜她身上那些一开始让我十分无法接受的特质。这的确不容易办到，但是父母一定要这样做到，因为父母不能责怪儿女的基因遗传。这样的好处是，这让我对她的奶奶和外婆有了更多的认同。

最难的是，去爱孩子身上那些会让你想起前夫/前妻的特质。如果你和配偶处于离异或分居状态，孩子会不断让你想起前配偶，而你一定要学习爱孩子的那一面，即使那是前夫/前妻身上让你极端厌恶的特质。

瞧，我无法解答所有的问题，而这件事的确棘手。但是我能够告诉你，什么事情让我受益。我后来终于明白，没有所谓不好的特质。重要的是，一个人该如何运用他与生俱来的特质。我认识一个孩子，她固执到令人难以置信的地步，我的意思是，她的固执远超乎寻常人的标准。她长大后成为一名致力于公益的人士。而只有具备她这样过人的坚持，才能在政客的漠视中，推动完成重大的变革。当然，她同时也在私人生活里，变得圆融温和，成为一位迷人的淑女。所以，固执是缺点吗？对她而言，绝对不是。

孩子的性格很像母亲、父亲，或是像贝蒂姨婆，并不表示他就会和他们如出一辙。所以不要因此而讨厌孩子。你知道你该尽的责任：灌输孩子良好的价值观，以确保他们能智慧地运用他们的天赋。

没有所谓不好的特质。

51　寻找与孩子的相似点

有时，从孩子身上，你会不断看见自己的影子。难得的是，即使如此，父母还是得记住，孩子的想法不一定总是和你所想的一样。

而有些孩子正相反。父母看着他们，心想，这怎么可能是我的孩子？亲子之间没有相似之处，你对孩子的脑袋究竟是怎么想的，完全摸不着头绪。他们的行为举止，对你而言，简直是你所深恶痛绝的。你不明白，为什么有人受指责时，也不回嘴，眼泪却夺眶而出？孩子怎么会喜欢玩插头和蜘蛛，而这些是你连想都不愿意想到的东西。

当然，你没有理由不喜欢、不欣赏，甚至不爱这个孩子，如同你爱其他孩子一样。但有时候你可能会觉得自己像个局外人、旁观者，当孩子情绪比较激动，而你却无法理解时，你可能很难应付。孩子可能会注意到这一点，因而产生疏离感。也许你的配偶更常和孩子相处，因为他们更能够认同孩子，然而，这样只会使你和孩子更加生疏。

我知道这种感受，我也曾有相同的处境，但是这个孩子身上50%的基因来自于你，他身上一定能找到你的影子，你必须把你们之间的共同点找出来，因为如果你不这么做，孩子会以为欠缺同情心就是缺乏爱。特别是在有其他兄弟姐妹的情况下，他们也许会无意识的认定，你似乎和其他孩子比较亲近。如果这名孩子和你的性别不同，事情会更棘手。

有过收养经验的父母都会告诉你，这一点很重要。许多养父母对此真的很努力，因为他们够聪明，知道找出和孩子之间的共同点很重要。然而，除了养父母外，我们中有些人会觉得对自己的亲生子女，可能也存在类似的差异，我们需要付出同样的努力和孩子沟通。

继续观察，直到你找到和孩子的共同点为止。当然，孩子会改变。有时候一个你原先以为很难认同的孩子，越长大和你就越相似。不过，你也不能这样一厢情愿。要寻找亲子共同的兴趣，发觉彼此共同喜爱的书籍，询问你自己的父母，是否看出你和孩子间有相似点。努力找时间与孩子独处。即使两人的性格看似有天壤之别，也许两人对事物却有相同的口味。

　　父母这么做会让孩子感到被爱与被关怀，而这就是最重要的。额外的收获是，父母通常会从最不像你的孩子身上学到更多的东西。

**　　孩子身上 50% 的基因来自于你，他身上一定能找到你的影子。**

52　找出孩子身上的闪光点，并加以赞美

　　生命的意义在于不断学习。否则，活着就失去了意义。而养儿育女最棒的地方就是，你可以从孩子身上学到许多事情。

　　如果孩子和父母十分相像，那真是很乏味。那有什么乐趣呢？不要期待孩子像父母，因为他们不会这样。孩子不会喜欢父母做的事。如果你喜欢打桌球，孩子就喜欢踢足球。如果你喜欢时尚服饰，那孩子大概会喜欢整天穿着脏兮兮的旧牛仔裤。这就是他们，刻意要让自己有别于你。随着孩子年纪的增加，越是如此。他们的行为举止会特立独行，他们打发时间的方式，也和父母截然不同。

　　解决这种问题的办法就是包容。与其伤心看着孩子走向和自己截然不同的方向，不如就学着享受，从中学习。孩子可以告诉你，你从

来没有听过的事——孩子能够教你一些你不知道或不会做的事，这会让他们感到满足。孩子可以教你那些具有挑战性，却又学不来的技能（这里特别指现代科技）。还有，最棒的是，他们可以表现出能让你崇拜的那一面。没错，孩子可以轻松自在驾驭你一直百思不得其解的东西。

每个孩子身上都有许多令人赞赏的地方，而父母的赞赏，对孩子而言，更胜于其他任何人的赏识（即使孩子不愿意承认这点）。我有个孩子，他可以开诚布公把自己的想法告诉别人，完全不顾忌别人喜不喜欢，赞不赞成他的想法。这对我而言似乎理所当然，但是他的母亲是一个缺乏自信的人，即使对自己不喜欢的人，也要极力讨好。她超级欣赏儿子这种既干脆又有自信的能力（有趣的是，当我做出同样的事情时，她对我却不是全然赞赏）。

我的另一个孩子，更是超级圆滑。在有必要时，我可以尽力表现圆滑的一面，但这会让我很不自在。而这个孩子则是天生的外交家，他用来平息即将发生的纷争所采取的手段经常让我感到不可思议。如果我不能以他为师，那就真是孺子不可教矣，因为他是我所知的最好楷模，而且他就近在眼前。

如果孩子和父母十分相像，那真是很乏味。

53　让孩子胜过你，学习做个有风度的输家

　　记得有一次，在度假时我看见一位父亲在网球场上，拼了命地想击败他十几岁的儿子。儿子卯足了力想赢球，但是这位父亲更是志在必得。父亲面红耳赤，气喘吁吁，但仍在全力反击。而他也真的办到了，最后，父亲赢了。离开球场时，父亲筋疲力尽，却沾沾自喜，而孩子也没有一点不甘心的表情。我想这个儿子大概已经习以为常了。

　　我替那个父亲感到难过。获胜的满足是短暂的，实在无法和看见孩子击败你的喜悦而产生的那种持久满足感相提并论。我告诉自己，那不过是时间的问题。那个小家伙是个网球好手，迟早，当他再长壮一点，当他爸爸年纪再大一点，他的机会就来了。

　　现在，我们都知道，这位父亲显然不是一位懂得养育法则的父亲，他甚至都没有鼓励自己的儿子——我猜他太担心自己可能会被儿

子击败。当然啦，父亲不能让孩子凡事占上风——这太过矫情了。孩子两岁大时，你办得到，但是等他们长到 12 岁时，你就骗不了他了。然而，孩子偶尔还是能赢；只要父母不要像那名网球父亲那般可笑的拼命就可以了。即使孩子输了，父母还是可以鼓励他们："等你的反手拍和正手拍打得一样好时，我就输定了。"

　　如果孩子的网球技术不如你，和他们一起去爬树、游泳，或是一起烤蛋糕；也可以一起弹钢琴，玩孩子最喜欢的电动玩具。找一件孩子比你更在行的事一起做，这可比赢的感觉好玩多了（起码和自己的孩子是这样的）。

　　还有一件事，你觉得那位网球父亲这样教导自己的孩子，是个有风度的父亲吗？没有，完全没有。他在这个问题上，只教了自己孩子一件事，那就是，千万别让输球这件事降临到自己头上；他没有亲自示范如何输得有风度。其实，做个输家并不算什么，只要你别输得没有风度。

**　　做个输家并不算什么，只要你别输得没有风度。**

54　你的肯定有助于塑造孩子的价值观

你最常为什么事情称赞孩子？功课好？考试成绩优异？体育比赛夺冠？音乐考级过关？

如果你是一位遵守养育法则的父母，你已经发现，这是一个棘手的问题，而正确答案应该是：以上都不对。当然，这些都是值得恭喜孩子的事情。孩子在意这些事情，所以，如果你不在乎，孩子会很生气。但是，最值得嘉奖孩子的，则是与态度、行为相关的事情，而非孩子现有的成就。

我知道一个小女孩，要她表现好的行为的确有困难。她想表现得好，但是，有时候她真的是充满挫折与焦虑，要她有良好的行为表现有时似乎极不可能。对她而言很不幸的是，她有一位行为端正的姐姐，偶尔有人会拿两姐妹做比较，评论姐姐的行为要比妹妹好得多

（欣慰的是，她的父母没有笨到做这种比较）。我为这个小女孩感到难过，因为我看得出来，她很努力想要有好的表现，而她的姐姐则丝毫不费力就办得到。所以，哪个人值得多一点称赞呢？（这正是为什么奖励比处罚更管用的绝佳例子。当有人注意到这个小女孩努力想表现好行为时，她就更加努力。）

你表扬和奖励孩子，等于是告诉孩子，你认为什么是人生中重要的事，这将有助于塑造孩子的价值观。所以，如果父母总是夸奖孩子的高分，学业成绩高超，赢球，那就是告诉孩子，这些事情是重要的（然后，孩子就会有压力，要不断有良好的表现）。然而，如果父母嘉许的是孩子的努力与毅力，追求进步，与人交际，有良好品格，诚实待人，那么孩子长大后，就会对这些价值深信不疑。

显然，父母需要兼容并蓄。我不是说父母应该忽视孩子的成绩。我只是说，一定要清楚表明，在你进行的褒奖中，涵盖了你认为攸关孩子的各项事宜，并且对如何取舍有所思考。

你表扬和奖励孩子，等于是告诉孩子，你认为什么是
人生中重要的事，这将有助于塑造孩子的价值观。

55　把烦恼留给自己，别加诸在孩子身上

下面的场景你可能熟悉——我见过多次了。在某动物园里的爬虫类园区，有一家人正看着一条带着瑰丽花纹的蛇，优雅地在树枝上盘爬。正看着这条蛇的妈妈说，"呦！好可怕!"在蜘蛛展示窗前，也常有相同的景象，在蜈蚣的箱子前也是。

所幸的是，有些孩子很聪明，根本不在意。（多数妈妈也很聪明，不会说出这种话）。但有些孩子很容易受到这种影响，还有很多孩子，学会对爬虫类和蠕虫说："好可怕!"因为大人竟然笨到做出这种示范。其实，这些生物很美丽，应该鼓励孩子欣赏，即使孩子会形成负面观感，那也应该是出于他自己，而不应是受到父母的主动怂恿。

孩子深受大人的影响，如果不谨慎小心，父母会在孩子身上加诸

各式烦恼。既然孩子本来就可能自寻烦恼，实在别把父母的烦恼也加诸他们身上。所以，请父母不必分享自己的恐惧。

我认识一位法则母亲，她真的很怕蜘蛛，几乎到了有恐慌症的程度。但是因为她不愿意自己的女儿也有相同的感觉，如果女儿房里出现蜘蛛，这位妈妈会拿起抹布来抓入侵的蜘蛛，再把抹布拿出窗外，把蜘蛛抖掉。完事后，妈妈还会微微颤抖，但是女儿毫无知觉，因为这位妈妈坚决地将恐惧留给了自己。只有一次，妈妈不小心让蜘蛛从抹布上掉落，她知道，但却无法鼓起勇气找出这支蜘蛛的踪迹，所以妈妈假装已经把蜘蛛扔出窗外了。直到女儿要上床睡觉时，掀开床罩，爬进被窝，赫然发现，那只蜘蛛正在床上等着她！

当然，我不是只谈论蜘蛛和蛇，还包括如害怕被绑架等。父母当然希望儿女会有合理的警觉性，但不要有和危机不成比例的过度恐惧。这会大幅，并且不必要地限制儿女的社交生活。那如果是对失败的恐惧呢？我认识一位父亲，他阻止孩子申请大学，理由是，万一进不去，孩子会很失望。

保持镇静可能很难办到，孩子自己也会从掩饰中找到蛛丝马迹。不过，你越努力隐藏自己个人的恐惧，就越可能成功办到。这会让孩

子能自在地享受人生，自己发掘人生，自己的麻烦自己找，无须父母
助一臂之力。

　　既然孩子本来就可能自寻烦恼，实在别把父母的烦
　　恼也加诸他们身上。

56 负面的话语，可能会造成孩子一辈子的伤害

我有个小学同学，他爸爸在 30 岁时头发就全白了。不知道为什么，这让他爸爸觉得很尴尬，常常叨念着这么年轻就一头白发很尴尬。你猜后来怎么样？对啦，他的儿子到了 30 岁，也是满头白发。因为他整个童年都听到爸爸说，少年白发有多令人难为情、多糟糕，所以他当然对自己的一头白发感到难为情，很厌烦。他爸爸试图安慰他，不过老爸的话当然不奏效——你不可能花 25 年的时间告诉别人某件事很令人厌恶，然后一瞬间，突然改变心意，而且期望别人照你说的做。

你不喜欢自己的什么地方？你很胖（在你自己看来）？秃头？鼻形奇特？膝盖怪异？说话口吃？果真如此的话，请别告诉别人。如果你自己不提起，孩子就没有理由对此产生负面看法，况且，孩子可能

也遗传。你对自己所说的话，在二三十年后，可能会在孩子耳中不断回响。

假设我朋友的爸爸当初对自己的满头银发引以为豪（起码假装一下），假如他以玩笑口吻对儿子说："我想白发让我看起来很与众不同，你同意吗？"那么，当我朋友的头发转白时，他可能会有个全然不同的自我印象。

我们不该在孩子面前互相批评（说真的，即使在孩子听不见时也不好）。不要讥笑配偶是"光头"、"戴眼镜"，不管使用如何感性的方式，也不要批评配偶发胖。你等于是下意识地灌输孩子这些想法，而等你发现你所造成的伤害时为时已晚。30 年后，等你改变语气："喔，亲爱的，我那时候不是指你，你秃头的样子比我好看多了。"孩子是不会相信的。

如果你知道孩子很可能遗传某个特点，你最好在他们面前表现出积极的态度，美言一番。告诉配偶，戴眼镜让他们看起来多么智慧，告诉他们身高过人是优点而不是缺点。说不定你甚至可以说服自己喔！

你对自己所说的话，在二三十年后，可能会在孩子
耳中不断回响。

57　让孩子拥有天真直率，不用变成小大人

　　在法则 2 中提及，别想做个完美的父母。嗯，现在到讨论子女了。想养育出完美儿女的父母，很显然注定要失败。这样一来，会让子女置身于不该有的压力下。作为法则，父母早该知道，让儿女备受压力的情形很容易发生，而这绝对是件不好的事。

　　不管怎样，谁不想要完美的儿女呢？但什么是完美的儿女？我无法想象有这种人。我所认识的行为端正，从来不出差错，努力博得父母和师长欢心，努力读书，总是准时交作业的人，真是我们所能构想出来的最一本正经、最没有性格的角色。

　　我最喜爱的是那些个性鲜明、性格温和的孩子，他们都有一些可爱的缺点。他们都有某种过度顽皮捣蛋的倾向，他们被惹火了会大发雷霆，有时会极具幽默感，有点懒散的倾向（但通常他们的可爱之

处足以弥补这一点）。这么多年来，我认识无数出色的小孩，他们都长成出类拔萃的青年，但是我可以发誓，他们中间没有人是完美无缺的。这真是谢天谢地！

孩子不应该成为小大人，他们仍然应该保有那些大人极力想要去除的不完美。如果你能在孩子10岁以前，把他们打造得完美无缺，那你不如就把他们送去当银行家了。因为这样一来，你已经破坏接下来几年他们的生活目标。童年时，孩子就是孩子。我个人认为，如果孩子早年的不完美没有消失殆尽，他们会成长得更好。谁会想要有个从来不曾有过作怪的眼神，没有一丝毛躁、一丝幽默感，没有疯狂冒险精神的孩子？

唯一值得我们去努力的目标，就是培养一个能够充满自信，充分发挥个性，并且了解在过程中不能伤害别人的孩子，这就是最好的境界。我敢肯定，他们中没有一个是完美的。

我最喜爱的是那些个性鲜明、性格温和的孩子，他们都有一些可爱的缺点。

兄弟姐妹篇

如果你不止一个孩子，你会明白手足间有一套全新的运作机制，需要一套专属的法则。我认识一位男校的校长，好几十年前，有位农夫向他借一位学生帮忙农事。校长告诉他，如果有需要的话，他保证能找到不止一位愿意帮忙的学生。但那位农夫婉拒了，并且告诉他："一个和尚挑水吃，两个和尚抬水吃，三个和尚没水吃。"

毫无疑问，他对女生也会持有相同看法。事实是，把越多孩子放在一起，就越难让他们循规蹈矩。问题不在于人数，而在于彼此之间会相互影响。

如果你的孩子不止一个，这一章会帮助你渡过难关提供核心原则。不用多说，这些法则也同样适用于再婚家庭的子女。

58 培养孩子的手足情，让他们成为一生的最亲密的朋友

我认为这是兄弟姐妹间最重要的一条法则，也是其他法则的标杆。所以听好，父母能够为儿女做的一件最重要的事情，就是为他们建立最好的手足关系。

养育兄弟姐妹的方法有多种，从特意把他们分开，到有意地让他们互相依赖。如果父母以后者为目标，那么，孩子会是彼此一生中最亲密的朋友。当孩子长大成人，他们需要平等相待的兄弟姐妹，正如他们需要平等相待的父母那样。（不是说父母就高儿女一等，而是父母与子女的关系不是，也不应该是均等的；请先参考养育法则第102条）。并且，更大的可能是，在父母去世后，兄弟姐妹还有好长一段日子能够彼此陪伴。

我认识一些家庭，成员遍及世界各地，但是当家中有人遭遇困难

时，他们知道自己能够依靠的是千里之遥的兄弟姐妹。如果这是你对孩子的愿望，（身为一个遵守养育法则的父母，你当然要这么想），那就从现在开始准备吧。

有许多方法能让孩子彼此亲近。就从拒绝接受兄弟姐妹间彼此告状这件事开始做起（"姐姐没有关收音机，但是你不应该告姐姐的状"）。这样做让孩子清楚知道，你重视兄弟姐妹之间彼此的善意。

之后，你可以鼓励兄弟姐妹彼此帮忙："我的数学不太好，但是山姆应该能帮你。"如果两人的行为良好，你可以一并鼓励他们，如兄弟姐妹合做午餐，或是每天轮流出去遛狗，那兄弟姐妹可以平分奖赏。在大家用餐时，一起搭车时，告诉孩子家人的近况："爷爷、奶奶这星期会来家中小住……"，等孩子大一点，也让他们参与集体决定，像是到哪里度假，浴室要漆成什么颜色等。父母倾全力排解孩子间任何程度的敌意与嫉妒也很重要。关于这点，我在后面章节还有许多要分享，特别是在养育法则第 63 条中。

还有一种非常有效的方法，保证可以让任何人处得来，不管他们是不是兄弟姐妹：让他们同仇敌忾，对抗共同的敌人。什么敌人呀？那还用问，当然是父母喽。再没有其他方法比能够一起抱怨父母更能

让兄弟姐妹迅速发展出亲密关系。他们彼此之间大大小小的不和，都
会变得微不足道，彼此之间会团结一致。所以，下次当你做出所有孩
子都很讨厌的决定时，只要记住，你正在帮助他们打造手足间很重要
的亲密关系。

**再没有其他方法比能够一起抱怨父母更能让兄弟姐
妹迅速发展出亲密关系。**

59　让孩子在争执中学会体谅与配合

如果你不止一个孩子，那你对兄弟姐妹间的争执一定不会陌生——除非你一开始就生双胞胎，那你就没有借口说你以前真不知道会有这种情形发生。有些兄弟姐妹很爱斗嘴，有些则还好，不过兄弟姐妹都会发生争执。然而，让人感到沮丧的是，这些争吵通常是毫无意义的。

某个电动玩具究竟是谁的，或者谁第一个从前门出去（没错，我的孩子的确为此发生过激烈的争吵），真的有那么重要吗？答案是，不重要。起码对父母而言，这不重要。

但重要的是，让孩子学会如何争执。为什么？因为除非孩子知道应该如何恰当地与人争吵，否则他们就无法学会如何能不和人争吵。而父母的确希望孩子长大以后能够不和人发生争执。你有没有注意到，没有兄弟姐妹的孩子（也许你自己就是），长大后更难处理人际冲突。他们必须要克服自己要不是太有侵略性，要不就是另一个极端，不够果断。而我这辈子所遇过的那些天生的社交高手，他们都有兄弟姐妹一起长大。

外交、妥协及其他的一些相关技巧是小孩子（甚至很多成人）不太擅长的东西。要学会这些技巧的唯一方法就是，和别人起争执。争执的经验教会你，什么做法能使别人与你配合，什么做法不能获得别人支持。日积月累，孩子学会了如果你在兄弟的脸上打一拳，他就很难对你通融；除非你让姐妹进入你的房间，否则她们也不会让你进她们的房门。孩子很难有机会通过朋友经验学习这些道理，因为在朋友间，很可能的后果就是，你们再也做不成朋友了。然而，兄弟姐妹不能说："如果你不和我玩，我们就不再是兄弟姐妹了。"兄弟姐妹永远能彼此饶恕，就因为他们别无选择。

兄弟姐妹之间的争执通常是争夺权力。兄弟姐妹间已有长幼的顺序（地位），或是谁拥有某个空间（地盘），谁允许自己做主（独立）。你必须采取不干涉的立场（即使是在孩子动武，必须派遣维安部队进驻时），因为父母无法通过公平的裁决改变孩子的本性。看看巴尔干半岛、中东、越南的例子，当你企图替他们作选择，那根本就无效，而孩子有时简直比交战国还要棘手。

所以，下次孩子间再发生争执（应该不至于让你等太久），要高兴。喔，就算这个要求太过强求，但至少不要以为你哪里做错了，或是认为自己应该要制止他们争吵。实际上，与其说他们是在争执，不如说他们是在学习生活必需的技能。

与其说他们是在争执，不如说他们是在学习生活必需的技能。

60　让孩子自行解决纷争

你很轻松就能做到上一条法则，无事可做，只需坐下来放松。而这一条就比较难办到，不过这是第59条法则的必要补充。

一旦你能接受手足间的争吵是必要的，是学习妥协与合作的一部分，那你也必须接受一件事实：父母必须放手让孩子自己面对一切。否则，孩子除了当他们吵得够凶，打得够狠时，就会有大人出面帮他们解决问题以外，什么功课也没学会。那等到他们离家以后，没有大人会神奇现身，帮他们解决一切争端时，他们就会大失所望。

悲哀的是，许多孩子真是这样长大的。多年前，我参加一个训练课程，课程要求一群经理人，用各种奇形怪状的砖瓦盖一座高塔。场面瞬间瓦解成一场大声喊叫竞赛。真正讽刺的是，原先的目的是要探究人与人之间良好的合作关系，而现在，对这群努力冲天的人而言，他们根本不在意高塔能不能盖得起来。

不，这没有办法：父母如果希望子女长大后能拥有成功人生，你就必须沉默不作声，忍受他们争论嘈杂的声音。好玩的是，当你这么做，不用多时，多数争吵会自行化解，无须父母介入。

当然，有时候我们实在没有那种耐心或者时间等待孩子自行解决纷争。这时候父母可以发挥创意，适时介入，无须让孩子自己寻求解决方法。例如，父母可以把孩子所争夺的玩具拿走，把电视或电脑关掉，告诉他们："当你们两个人找到彼此（大家）都同意的解决办法时，你们就能继续玩了"。

我认识一对夫妻，他们有一套很棒的方法用来解决孩子们的争端。因为他们的孩子都是男生（很爱彼此竞争），所以这套方法特别适用。他们会举办一场称为"诚实比赛"的竞赛。这招用来解决那些难以界定孰是孰非的争斗特别有效。父母说："我们要举行一场谁最诚实的比赛。"（你瞧，这些男孩子每次都会中计。）然后父母轮流问孩子："你刚刚做了什么不该做的事?"这个比赛的规则是，他们不能说出（指控）别人所做的事。据我所知，这对夫妻的小孩诚实招供出五花八门的行径，并请求父母将额外的 137 项错误也列入考虑，就为了要赢得一场诚实竞赛。

　　在承认错误后，父母要求他们为刚刚招认的行为道歉，然后将他们各自遣散。这样能帮助孩子了解：一个巴掌拍不响。这同样会让你也感觉很好。

　　父母必须放手让孩子自己面对一切。

　　这个原则不只针对你和你的配偶，即使你们两人显然必须像团队一样合作。这条法则讨论的是手足关系，所以这个法则谈论的是全家的分工合作。这对建立孩子彼此之间的良好关系很重要。

　　团队合作意味着群策群力，有时也需要彼此分工合作，整合力量，把事情完成。不管用哪种方式都好，只要孩子认识到这是团队的努力就行。

　　在家里，我们定的规矩是，饭后每个人都要帮忙把厨房清理干净。孩子很习惯这样做，他们一起出力，一个人把碗盘放进洗碗机，一个人收好奶油，另一个人则把剩下的饭菜倒掉，或是倒在小狗的餐碗里。大家一起分摊家事（大人也不能豁免）意味着，每个人的动作越快，每个人的好处就越多。他们都明白这个道理，通常一个孩子会对另一个孩子说："来，我帮你拿这个，你可以把碗盘放进洗碗机。"因为他们知道，这么做对自己也是有好处的。

团队合作的机会有很多。父母当然可以要孩子轮流收拾厨房，但是这样一来就失去让孩子一起做事的机会。

我从一些朋友那里学到另一种团队合作的训练方法。当朋友家要到海滩一日游，孩子会帮忙整理应带的物品。一个孩子拿海滩用的大毛巾，一个孩子带冲浪板，另一个孩子准备野餐。孩子各有各的任务，但是他们都明白，他们努力的目标一致，那就是，要尽快抵达海滩。

危机是进行团队建设的绝佳机会，你策划得越有意思，效果就越好。我小时候，家里有个排水孔，每隔一两年，碰上大雨时，就会进水，车库随时都可能被淹。我们的车库摆放了各种绝不能碰水的物品，像是冰箱。大家会冒雨蜂拥而出，经常是穿着睡衣，外头罩上外套，穿上橡皮雨靴。当有人清理排水孔附近的枯叶时，有人就用扫帚把水扫出车库。大家一起同心合作，花上半个钟头的时间，把进水处理好。我们通常一边做事一边嬉笑，累瘫了，然后回家喝杯热巧克力。虽然我们太理智不愿去承认，但是团队精神的确带给我们非常好的感觉。

团队合作意味着群策群力，有时也需要彼此分工合作，整合力量，把事情完成。

62 不要过于干预，让孩子自娱自乐

独生子女的父母都会感觉到陪伴孩子是一项艰巨任务。父母必须为孩子找乐子，做他的好友兼玩伴，也做他的父母，因为大多时候，没有旁人能代劳。

然而，父母一旦有了其他孩子，他们就能互相扮演起这些角色，让父母专心做父母（最好偶尔也能让你跷起二郎腿，读读报纸），而你这样做，并非置身事外，事情恰好相反。

事实上，让孩子自娱自乐远胜过让父母为他们找好玩的事。当然这并不意味着，父母绝对不能和孩子一起玩，而是亲子间的互动，很少能像我们想的那样平等。通常父母会比孩子想出更多点子，要不，父母也会主导孩子的想法。反之就是父母让孩子听之任之，孩子无法学会妥协的艺术。瞧，无论如何你都是输家。

　　兄弟姐妹就能平等地一起玩。当然，也许手足间有一方比较强势，另一方更愿意屈服（兄弟姐妹的人数越多，互动模式就越复杂），但是这得交由孩子们自己处理。父母不能改变子女的性格，而你或许会发现，等孩子长大成人，经常让步的那个孩子更圆滑，更能与人合作。

　　所以，父母不要蠢蠢欲动，介入干预，重建平衡关系。这是孩子自己的事，他们会用自己的方式解决，用吵架还是其他各种办法。

　　有的孩子喜欢和兄弟姐妹玩，而另一个孩子却喜欢自己一个人不受干扰。多个孩子情况就更复杂了（如果孩子的年纪相差不大，通常就没问题）。不过这也是孩子之间的问题，你必须让他们自行解决。到头来，孩子会彼此协调——孤僻的孩子会变得更合群，而爱热闹的孩子则学会自己找乐子。这样也不错，不是吗？

　　所以，不要因为自己能够跷着二郎腿，喝茶看报而觉得不好意思（我知道，我知道……在你能坐下来喝杯茶以前，你还有一堆待洗的衣服，还得清理厨房、吸地板、煮饭）。因为不干预，而让孩子彼此之间能自娱自乐，这就是你能为孩子做得最棒的一件事。

让孩子自娱自乐远胜过让父母为他们找好玩的事。

63　不要拿孩子互相比较，每个孩子都是独立的个体

我认识一对夫妇，他们有两个孩子（这颇为常见），一个孩子很乖巧，而另一个孩子则经常调皮捣蛋。从某种程度来说，这是父母的错。为什么？因为他们的确对那个顽皮的孩子说："你为什么不能像姐姐那么乖？"无疑，这就是激怒斗牛的红布。

如果容许嫉妒和竞争在孩子之间滋生的话，兄弟姐妹之间就无法拥有和谐的关系。所以，绝对不要让其中一个孩子知道，你认为他在运动上的表现比其他孩子好，或是他没有其他孩子聪明，不够风趣，没有才华。然而，那并不表示父母得假装孩子在各方面都一样好，这样就太荒谬了。但是，父母无须指出那些孩子自己可能都还没想到的差异性，而且也没有必要评论不同孩子之间的能力。

这是关键所在。父母可以告诉孩子："你在美术方面真的很有天

分。"而不必说："你的美术比哥哥好。"本来就是嘛，为什么要带上可怜的哥哥呢。这和说你的美术比张三、李四好一样不相干吧？不是吗？然而这样就给人一种印象，你把孩子看成一个协同配合的组合，而不是个体。拿这个例子来说，这就等于告诉那个可怜的哥哥，他是这组人之中的瑕疵品。

在法则第 67 条中，我们将看到，让孩子知道自己的长处是件好事。我要说的是，父母应该在独立于其他兄弟姐妹的情况下来考虑孩子的才华与短处。毕竟孩子彼此间谁比较会或比较不会煮饭、唱歌、跳绳、算术、记录电话留言、说英文、讲笑话、梳理头发等等，实际上一点都无关紧要。

当然，你的孩子可能不会这么想。但是，男孩子通常比较爱竞争，而女孩通常喜欢知道别人的看法。孩子一定会拿些琐碎的事情来试探你，问你这类问题："我画的图比她的好看，对不对？"、"我可以跑得比他快，对不对？"

答案是，你要做到自己小时候承诺过长大后一定不做的事，躲避这个话题。你可以说："这很难判断。你把那些树画得好美，树叶上的纹路画得很棒；但是她用色好看，着色上也有进步。"或者说：

"你跑得快一点是应该的，因为你比他大两岁呀。"

如果容许嫉妒和竞争在孩子之间滋生的话，兄弟姐妹之间就无法拥有和谐的关系。

64　不同的孩子适用不同的养育法则

从广义上来说，我不认为本书会引起争议。这不是我写书的目的——我只是试图标示出一些重要的原则，而这些原则多数是一般人的共识，一旦把它们落实成文字，就比较容易遵行；而有些原则，或许你并没有认真思考过。如同我在书中开宗明义说的，这本书不是新的启示，而是许多提醒。不过假设有人想和我争辩，那他们一定会选择这一条，因为它似乎和养育法则第31条、第40条、第61条，以及和几个我们尚未提及的原则有矛盾之处。但是这不过是表象。

在第12条法则中，我们谈到，要根据孩子个别性格的现实状况，来调整父母对孩子的期望。而现在这条法则则更进一步——有时候，你必须对每个孩子使用不同的法则。

你的孩子都不尽相同，所以，不言而喻，用以不变应万变的方法来制订法则是不正确的。当然，当孩子认为事情对他们不利时，他们不会喜欢这条法则，所以有些法则必需要人人遵行。如果你喜欢的话，就称呼这些为家庭通用法则。上床时间到了，每个人都该去睡觉，大家饭后都要帮忙收拾，这才公平。但是有些法则就必须按照孩子的性格稍加调整。

坦白地说，当我初为人父时，我认为只为某个孩子通融很不公平。父母必须对所有孩子，秉持相同的原则，这是再明显不过的道理。然而，当孩子开始长大，我了解到，某些原则对特定的孩子而言真是太苛求了。

例如，我有个儿子，因为疾病原因无法保持整洁。他的脏乱指数是企业级的。但是他对自己的脏乱程度一无所知，因为他有一种怪病，让他无法看见在他所到之处所制造的脏乱。请他为自己收拾善后与要求其他兄弟姐妹做清理工作完全不能相提并论。这项要求对他而言，是多 20 倍的负担，因为（1）他对脏乱视而不见，（2）他也无法了解这是什么大不了的问题（他对脏乱一点都不介意），（3）打扫收拾每天会花掉他好几个钟头的时间。所以，事实上，把相同的法则适应到全体孩子身上，对他而言很不公平。

　　当然，我们没有让他逃避责任，但是我们的确妥协，让他有比别人低一点的标准。他必须参与清理的工作，只要他真心做好他的分内工作，我们会协助他。当他慢慢长大，责任就会慢慢落到他身上。

　　应该说这个儿子能长时间专注在一件事情上，你可以要他坐下来做功课，一坐起码半个小时以上，没有问题。而他一个爱干净的兄弟，要他坐下来写超过10分钟的作业却很难，所以，我们允许那个孩子把作业分成好几个小部分，在整个周末来完成。

　　换句话说，有时候每个人遵守相同的规定是唯一公平的方法，但有时候这样做可能并不公平，父母必须注意这些情形。重要的是，你对每个孩子的要求是什么。

要根据孩子个别性格的现实状况，来调整父母对孩子的期望。

65 不偏心，找出每个孩子的特质

承认自己偏爱某个孩子其实是最大的禁忌。很多人会直截了当告诉你："父母绝不能偏心。"我相信这当然很好，但也许父母也无法控制自己。有些父母对这点毫无困难。他们天生如此，即使努力想偏心某个孩子也办不到；然而，有些父母却无法阻止自己不偏爱某个孩子。如果他们说自己不偏心，那只是骗人。

如果真是这样，解决的办法只能是说谎，毋庸置疑。在任何情况下，绝对不要对任何人泄露谁是你最爱的孩子，也许配偶例外。而为了避免泄露秘密，也许你必须撒谎，宣称你并不偏爱任何孩子。我记得有一次我外婆告诉我，我是阿姨最钟爱的外甥。我当然面露喜色，但是她告诉我这件事，实在是大错特错。你瞧，你没办法保证别人在某种情况下不泄露秘密。

　　我认识一位家长，他告诉我，他偏爱某个孩子——他实在没办法
——不过呢，他每次偏心的都不是同一个孩子。每个孩子都曾经是他
最钟爱的那个，每个孩子都不知情而已。他也告诉我，事实上，他一
直都爱每个孩子一样多，只是他也经常对某个孩子青睐。

　　那么，如果你偏爱某个孩子，该怎么办呢（除了以谎言遮掩以
外）？第一步，你可以仔细想想，你真的最"爱"某个孩子，还是你
其实只是最喜欢他。也许你只是觉得和他最亲近，而这和最爱他是两
码事；也许你的确爱每一个孩子一样多，只是你自己没有意识到
而已。

　　这个方法对某些人有效，但并非每个人都是这种状况。如果你还
是觉得你的确最爱某个孩子，那么，你需要在你和其他孩子的关系上
下工夫。特别去找出其他孩子身上令人喜爱的特质，也必须多花点时
间和他们相处，找出共同的兴趣，与他们共享——火车模型、钓鱼、
逛街买衣服，看恐怖电影（这里当然是指年纪稍大的孩子），散步、
美食、骑马、踢足球等等。

　　顺便说一下，孩子总是会随时保持警惕，寻找线索，看看他们当
中哪个是父母最爱的人。他们可能会开门见山，直接问你，但即使他

们不开口，他们也会从蛛丝马迹中找答案，经常会有意无意曲解你的意思，好套出这个宝贵的信息。

　　一般而言，如果不同的孩子指控你偏心不同的人，那你大概就没问题。如果每个孩子都认为你偏爱同一个孩子——不管他们的指控对或错——那你就得考虑，你究竟传达了什么样的信号给孩子。

在任何情况下，绝对不要对任何人泄露谁是你最爱的孩子。

66 混合搭配，彼此建立良好的关系

这条法则有助于建立与子女的关系，也帮助子女彼此建立良好的关系。如果父母正面临偏爱某个孩子的危机，讨厌孩子某项特质，觉得自己和子女没有太多共同点，这条法则也会有帮助。

很多传统家庭（特别是父母+两个孩子的组合）通常习惯同进同出。也许双亲有休假时间，或到了周末，全家会一同出游。我认识许多家庭都是这样。

不过，这样有好有坏，家庭成员能尽量以不同的组合和方式相处也很重要。

·确保每个孩子都有机会和爸妈有单独相处的时间；

·一个家长带着所有的孩子外出；

·当其他孩子不在时，某个孩子能独享父母；

·对于有三四个孩子的家庭，其中两个孩子可以和一位家长，而其他孩子则和另一位家长一起，每次的组合要有变化。

这样一来，也让家长有机会和每个子女发展特殊关系。也许某个孩子可以和其中一位家长一起煮饭，和另一位家长一起散步。与此同时，另一个孩子可以和一位家长一起读书，和另一位家长一起在公园玩。如果每个孩子能单独和其中一位家长做专属自己的事情，他们会感觉很特别。

如果再婚家庭也能把继子/女纳入这个系统，这更是有价值的。这个策略让再婚家庭中每个人都有机会培养个别关系，而不是只有其他兄弟姐妹也在场时，才有机会和继父母相处。

如果你是单亲父母的话，这种安排当然会更困难（我能想象一个有 12 个孩子的家庭也很难。果真如此，你大概找不到时间阅读本书）。但是把握每次有第三者能帮忙照管某个孩子的机会，花时间和其他孩子相处还是很值得的。你必须能有时间和某个孩子独处，也许趁其他孩子和朋友在一起，做些特别的事情，而不要在没有孩子烦心时，只忙着做家务。

家庭成员能尽量以不同的组合和方式相处也很重要。

67 发掘每个孩子的长处，让他们都有发光的机会

法则第49条谈到，要确保孩子知道自己的长处。这点非常重要，特别是当你不止有一个孩子时。有件事你可以保证，不同的孩子各有所长。

天分与才华通常是家族遗传而来。如果你有一个孩子有音乐天分，运动细胞发达，有很高的艺术才华，学业成绩优异，他的兄弟姐妹应该也一样。不过即使如此，当有姐姐技高一筹时，仍然是很痛苦的一件事。要做一名出色的低音管乐手不容易，也许弟弟妹妹会觉得做名大提琴手或吹奏长笛可能会更成功。父母要鼓励孩子在同中求异，这样每个孩子就都有发光的机会。

然而，当讲到性格时，这是孩子之间最能展现差异的地方。排除基因遗传，兄弟姐妹间的优点可有天壤之别。父母需要鼓励孩子各自

发挥所长（但可别忽略养育法则第63条，不要在孩子之间相互比较）。孩子越大，越需要有各自不同的发展，才能找到自己的独特之处。没有人希望长大后变成兄弟姐妹的复制品，父母可以鼓励他们，让每个孩子发展自己的长处。

这对家中的弟弟妹妹来说，尤其如此。他们通常长年奋斗，想在某些领域超越哥哥姐姐。然而，让弟弟妹妹拥有品格优势，要比拥有技艺优势更容易。换言之，当你3岁大的时候，在家中当个最勇敢的人，要比成为家中最会写字的人容易多了。所以，在不互相比较的情形下，让3岁的孩子知道，他们真的很勇敢、很善良、很会记录事情（我有个孩子，在他3岁大时，常替我记住买菜的清单，只要不是太长，他都能记住）。

孩子的自信以及对自己在家中所扮演的角色，很大程度上是源于他们了解自己在家庭团队中确实有所擅长。所以，作为一名遵循养育法则的家长，你要找出孩子的长处，特别是那些有利于全家的长处，如在长途旅行时善于导航，是名烹调好手；碰到困境时，还能逗大家开怀，能以合乎逻辑的方法解决问题，排解纷争；碰到危机时，能保持冷静，能够按照说明书，按部就班操作（我总是对此深表感激，因为我自己很不会读说明书）。

　　附加一点：如果还有另一个孩子，也喜欢某个头衔，要小心处理，不要每次都认定某个孩子是"我们家的领航员/大厨/解决问题的高手"。如果你也自认是认路高手，但是大家总是找哥哥领航，而不给你机会表现一下，那真是令人泄气。所以父母要观察，有没有哪个人总是不经意地被忽略了。

　　孩子的自信以及对自己在家中所扮演的角色，很大程度上是源于他们了解自己在家庭团队中确有所擅长。

学校活动篇

不管家长喜不喜欢，孩子一定得接受学校教育。虽然孩子上学时，并不在父母身边（除非在家教育），但父母的态度对孩子的在校表现却有重大影响，而且不仅仅是学习上的表现。

除了放假，孩子花在学校的时间远超过跟父母在一起的时间，至少就清醒的时间而言（假设孩子在校时间都保持清醒）。所以，学校生活对孩子而言十分重要。孩子必须知道父母对他们的学校生活感兴趣、关注，并参与学校活动，即使是远远地。

从孩子四五岁起一直到他们十七八岁为止，这段时间是孩子们的学生生涯。以下这些基本原则，能帮助家长和孩子更愉快地度过这段时光。

68　上学不等于教育，教育孩子仍然是父母的任务

我认识一些人，上学上到十七八岁就离开了学校，除了九九表、简单的书写和加减法，其余一概不知（真是打败我了）。换句话说，他们获得的只是知识。这就是学校所给予他们的，还有一些分析技能，像是除法和文法，其中大多以后没什么用处。有些学习对学生有所帮助，像是外语，不过，其中很多可能以后再不会用到。

不要误会，我并不是在攻击学校教育。学校教导学生如何学习，这项技能让学生终生受用。但是，学校教育得花上 10 年、12 年，甚至更长的时间。而且让我们思考一下，在这段受教时期，学校不教的其他事物：如何思考，如何换灯泡，如何自我肯定，人生如何能不举债，辨别危机的信号，如何和平化解纠纷，如何尊重待人，车子抛锚时该怎么办，如何面对恐惧，如何有输家的风度，如何赢得有

风度……

"但是学校的确教导学生成功与失败啊，运动会就是一个很好的例子。"我听见你这样说。是的，我知道学校给学生许多机会练习某些事物（但对其他事物一点都不触及），但是学校并不教你如何把每件事做好。如果你生性不敏，学校会让你每次尝试，继续输得灰头土脸。从各种角度来看，孩子在学校里得到的锻炼，在校外，也同样可以得到。因为教育就是让孩子能置身群体当中，教导他们什么行为别人可接受，什么行为别人无法接受，而这和老师一点都不相干，孩子在任何一群孩子中，都能学会这件事——无论是社区青少年团体、棒球队，或是娱乐中心。

我说了这么多，只是为了证明一点，让孩子上学和教育孩子根本不是同一码事。上学很重要，但还不及好好教育孩子一半重要。学校的任务在于让孩子学习（学校的称谓正是暗示了这一点），而父母的任务则是教育孩子。所以，可别完全期望学校代替你教育孩子。

据我了解，一些孩子在家受教育，结果长大后比那些受过完整学校教育的孩子更有能力，各方面均衡发展，更为成熟。这正好显示，学校并非是接受优良教育的必要方法。我不是要你在家教育孩子

（除非你自己想这么做）。我只是说，除了一些零散的实际技能，像
是如何吹笛子、解剖青蛙以外，家长不应该依赖学校教授孩子实际有
用的东西。其余的事情都要靠你了。

**学校的任务在于让孩子学习，而父母的任务则是教
育孩子。**

69　学校是整套教育，只能全盘接受

世上没有完美的学校。孩子的学校有成百上千位家长，不可能每位家长都会认同学校的每项措施。如果学校的每项政策都必须经过全体家长无异议赞成，那么他们甚至连早上几点上学都永远无法获得一致认同。

当然，你也会不赞成一些事情，如学校布置的家庭作业过多，对学生处罚太过严厉或太轻，学生必须穿校服，即使学生不喜欢，让他们都要踢足球，每逢下雨就强迫学生留在室内玩等。

家长也拿学校没办法。好吧，你可以换学校。但是，下一所学校还是会有一样多令人讨厌的小地方，只是事情可能不太一样罢了。而且，孩子对这些事也无能为力。这也表示，如果父母鼓励孩子藐视学

校体制，那父母只是让孩子的学校生活痛苦不堪。孩子会被老师视为麻烦，也很可能会成为同学取笑的对象。不要让孩子生活在家庭和学校的冲突中。

　　任何一所学校都是一个大杂烩，有你喜欢的地方，也有你不喜欢的地方。如果你不喜欢的事情远超过你喜欢的，那么你可能应该考虑换学校，不过这是题外话。然而，只要你是学校中的一员，你就必须照单全收。这也表示，即使是对不满意的事情，你也必须支持学校。家长必须鼓励孩子做家庭作业，即使你认为功课太多；你必须要孩子穿着难看的制服；让他们打曲棍球；教导孩子敬重老师，即使对老师并不喜欢。

　　如果孩子当面问你："你认为学校给这么多功课公平吗？"你该怎么回答？你应该对孩子撒谎吗？这个嘛，你可以把我刚刚告诉你的话，一五一十地告诉孩子：学校是一套完整的教育，只要你在校一天，你就要全盘接受。这个方式就是教育孩子，作为社会团体的一员，应该如何合群。在体制内合群比是否认同某些规定更重要。

　　如果你还要跟我争论，在你开始长篇大论前，请先阅读下一条法则。

　　任何一所学校都是一个大杂烩，有你喜欢的地方，也有你不喜欢的地方。

70 适时为孩子仗义执言，做孩子的保护神

养育法则第 69 条谈到，即使家长对学校所做的事情并不完全同意，也应该尽量支持学校，但并非无条件支持。从整体上，你必须支持学校的政策和学校体系，因为这是学校教育的一环。但是在一些关系到有关自己孩子的事情上，家长不能总是对学校听之任之。

孩子需要知道，父母和他们站在同一阵线。当出现严重问题时，父母是唯一能支持孩子的人——有时候孩子需要有人声援。如果学校对倚强凌弱事件的处置做得不够好，或是学校不理解孩子在阅读上遇到障碍，某位老师特别为难你的孩子，这时，你当然要出面处理。孩子需要知道，当事情超过他们能控制的范围时，父母会在身边支持他们。这就是父母的职责。要不然孩子会认为，你会眼睁睁看着他们活在痛苦中。

有时候，大人回想自己孩童时代的无力感还是很痛苦的。我们现在能轻松应付的状况，在我们年幼时，简直令人害怕。要花几个月的时间，忍耐应付某件事情，现在看来似乎还能忍受，但是当你 5 岁，甚至 15 岁的时候，几个月简直是看不到尽头的漫长。孩子们已经习惯接受老师的权威，他们真的没有那样的能力和技巧来对抗一种体制，为自己抗争。这就是家长该介入的时候。

我一直在想，我是否应该在这条法则中使用"战斗"这个字眼。因为毕竟圆滑的手腕比起针锋相对要好。我当然不是主张父母要怒气冲冲跑到校长办公室，强烈指责校方。让校方知道你能从他们的观点看待事情，然后慢慢引导他们了解你的想法，总是比较有效的方式。这是遵循养育法则父母各显本事的时候，因为作为遵循养育法则的父母，你知道你必须小心处理这个状况，以免还没开始谈，大家就已经剑拔弩张了。

值得一提的是，如果你向来遵守养育法则第 69 条，那么这条法则会有比较好的效果。换言之，如果学校认为你是一名不常抱怨的家长，当你遇到不高兴的事情时，他们比较会严阵以待。如果自从孩子上学以来，你就不断抱怨、挑剔，你会被视为是那种不易沟通类型的家长，那么，当有真正重要的事件发生时，校方就不太可能倾听你的投诉。

孩子需要知道，当事情超过他们能控制的范围时，父母会在身边支持他们。

71　恃强凌弱是严重事件，父母要倾听孩子的感受

我认识一个名叫耐德的孩子，他很讨厌自己的名字，因为这个名字和太多东西谐音，而他的同学显然也发现这点。"耐德、耐德常尿床"就是同学最爱念的顺口溜。从某个层面来讲（有点牵强）这很有趣，但是耐德却并不这么认为。

家长很容易不把这种事当成一回事。他们会告诉孩子，"棍棒、石头会打断骨头，但是言语永远伤不了人"。然而遵行养育法则的父母当然知道，事情不这么简单。当然，同学向你勒索不到买午餐的费用，被调侃几句当然比每天被揍好（我们在下个法则中会谈到这种程度的暴力事件）。但是，并非所有嘲讽都应该被列入调侃之列，有些话语会对孩子造成极深的创伤。

孩子的感受是唯一的指标。不管是某个孩子叫他难听的绰号，或

是班上所有同学都排斥他；不管是昨天有人踢他一脚，还是常常被一群不良少年殴打；不管你怎样定义调侃、嘲弄、恃强凌弱等用语，能够用来判断问题严重性的方法，唯有孩子对事件感受的强度。

如果你的孩子受到伤害，感到委屈，你就要有所行动，父母当然要采取行动。依据不同的情况，父母可以和孩子讨论孩子个人的应对之道（请参看养育法则第 72 条），父母也可以告知校方。也许你另有高明的方法（帮耐德申请改名也许就有点小题大做），但是父母要让孩子明白，孩子觉得严重的事情，父母也会十分重视。

直接找对方的父母理论听起来不是个好主意，要小心谨慎，避免与其他家长正面接触。如果别人告诉你，你的孩子欺负其他孩子，你大概会很快跳起来为自己的孩子辩护，至少在外人面前你会这么做，无论你私下会对孩子说些什么。在这种情形下，父母间的接触，多数会以生气、陷入僵局收场。所以，千万不要尝试，除非你非常确定，这么做会改善问题而不是雪上加霜。

如果你的孩子受到伤害，感到委屈，你就要有所行动。

72　教导孩子为自己抗争，避免成为恃强凌弱的受害者

不，我不是建议你要告诉孩子，谁给你难堪，你就朝他脸上打一拳。但是恃强凌弱是人的天性，所有学校都有恃强凌弱事件（虽然有些学校处理得更好一些），所以，家长要有准备。如果孩子在学校受到欺负，我们已经说过，家长必须有所反应。我在这里讨论原则性问题，没办法用整本书的篇幅来处理恃强凌弱问题，不过也许这正是你所需要的。

那么这条法则的内容是什么呢？如果你的孩子正面临，或者遇上恃强凌弱问题，你能做得最紧要的一件事就是教导孩子，在事件演变成不可收拾之前就要好好处理。你知道为什么孩子会受到欺侮吗？因为他们有异于别人之处。研究人员也发现，有75%的孩子曾经因为外观受到调侃或被欺负，从而心情不佳。事实上，5个孩子当中就会

有 1 人曾经翘课、逃学、装病，逃避别人嘲讽自己的外观。颇为骇人听闻的数据，不是吗？

对付恃强凌弱的两种传统方法可谓大相径庭。有一派主张父母应该告诉孩子要反击，然而，并不意外的是，虽然这个方法可能奏效，但也常常导致问题恶化；另一个常见的忠告是，对恃强凌弱不予理会，恃强凌弱事件就会停止。有些家长会这样告诉孩子，因为他们但愿事情果真如此，但这并非实情。所有的证据显示，事实恰恰相反。

所以，正确做法是什么呢？孩子最好看起来充满自信，眼神与对方接触，改变话题，让爱欺负人的孩子分神。这招当然不会每次都管用，但是，如果你的孩子天生就有自信，看重自己，注重自己的仪容，他们本来就有大半机会不会受到欺侮。而这些事情你可以在他们有机会碰上小霸王以前就教给他们。

我不是说如果孩子遇到恃强凌弱，那就是你的错，或那就是孩子的错。而且如果孩子戴眼镜，或是有身心障碍，那也不是他们的错。但是，我也的确认识戴着眼镜，或是有身心障碍、身体残缺，却从来没有受到欺侮的孩子。关键是不要给其他孩子机会，让他们将你的孩子孤立出来。当然，偶尔胡乱地梳头，别人不会注意，但总是一派邋遏，或是身上散发着异味、头发凌乱，那就会引人侧目。以前我和一个大家都叫他"臭登顿"的孩子同校。我连他叫什么名字都记不起来了，但是我却还记得他身上的异味，这让大家有借口捉弄他。

父母可以帮助避免孩子成为恃强凌弱的受害者，要确定孩子：

· 有自信，能肯定自己；

· 保持正常体重；

· 外表整洁（梳洗整洁，头发梳理好，指甲清洁等）。

这样就有了一个好的开端，在此基础上，让孩子知道和别人眼神交接的重要，不要看起来一副怯生生的样子。这样一来，在麻烦找上门以前，你就已经尽你所能防患于未然。

我不是说如果孩子遇到恃强凌弱，那就是你的错，或那就是孩子的错。

73　接纳孩子的朋友中你不喜欢的人

在孩子的朋友中，有没有你不中意的？在幼儿园里，乘人不备，会扯人头发的捣蛋鬼？五年级班里，那个今天跟你最要好，明天就不理你的小女生？爱逃学的15岁孩子（而且你肯定他会抽烟）？

没错，在孩子的学业生涯中，会有些你不希望他结交的朋友。也许你觉得他们惹你孩子生气，也许他们带给孩子坏影响，唆使孩子顶撞老师或逃课。我妈妈讨厌我那些说话不得体的朋友（这在她送我就读的伦敦市南区学校中，的确是个大问题）。不过至少她还没察觉，是谁教我在她院子的工作房里制造爆炸物。

遇到这种情况，你该怎么办？假使你读过本法则的题目，你就知道我接下来要怎么说。没错，父母可以忍耐。即使父母不喜欢孩子选择的朋友，孩子必须要自己学会选择朋友。孩子得自己决定，什么时候不再忍受克丽丝对朋友忽冷忽热的态度，思考该不该跟杰克翘掉法文课。

最终，孩子的决定符合你努力灌输给他们的价值观，这要花上好长一段时间——孩子必须有和损友交往的经验，才能分辨谁是益友。所以，当孩子 6 岁大的时候和一群疯狂的朋友为伍，父母不要过于自责。你优质的养育方式，将来终会显现它的威力。

在这段过程中，孩子会从朋友身上学到许多事情，无论好坏。有时候，孩子从来没去上法文课所以考试不及格，会比他固定去上课，通过考试实际上学到的还多（虽然法文显然不在此列）。坏朋友也能教会孩子许多东西，特别是当孩子自己能把握大原则时。

再说，你怎么知道孩子的朋友不好呢？也许你的孩子有一种需要满足的野性，即使你自己并没有这种倾向也不喜欢这样；而或许那个会抽烟的小孩，同时也是一位忠诚的朋友；那个会造成女儿情绪起伏的孩子，也许也会在班上那个恶霸面前替她撑腰，或是在孩子不如意的时候，能够让她开心。当然，你无须容忍孩子抽烟，做出损毁别人车子的行为。

就我个人而言，虽然在孩子的朋友中，我会更喜欢某些孩子，但是我很乐意接纳他们所有的朋友。显然，即使是最不得我心的孩子，也给我的孩子某些值得拥有的东西。

你怎么知道孩子的朋友不好呢?

　　你当然希望孩子在校能表现得很好，考试得高分。父母甚至会想得更远，希望孩子以后能进入知名大学。所以，有时候真的会忍不住过度关注孩子的学校作业——不管是检查孩子每天的回家作业，还是想给他们补充额外的知识。

　　我认识一位父亲，定期询问孩子本周在学校学了什么（他认为自己所知远比老师还多），然后在周末，会花上一半时间，就他对这些知识所知道的，毫无保留地尽量告诉孩子。这可是让孩子对学习失去兴趣的高招，也容易让孩子不堪重负。

　　让我们说得更直白一点。老师在学校传授知识给孩子，辅导他们，把试考好，这是衡量师生关系的标准。父母并不是儿女的老师，父母可以容许孩子犯错，然后让他们自己学习改正，无需纠正他们：

父母可以强调我们在前面篇幅提过的那些重要的，学校不教（所以无法检验）的生活技能（试看养育法则第 12 条），这些技能比作业成绩要重要许多；父母可以鼓励孩子尝试新的事物（出国度假、学跆拳道课、划船等），发掘新的兴趣，认识新的人；父母也可以鼓励孩子广泛阅读，关心周围世界，勇于发问，有自己的主见。

　　有时候，学校生活轻易成为孩子生活的主导，孩子需要父母帮助他们保持正确视野。如果孩子在家时，父母喋喋不休要他们做功课，追问考试成绩，坚持要告诉孩子，你对成吉思汗的所知所闻，这样会让学校的触角渗入孩子生活的各个层面。如果老师就某事斥责孩子，家长就无须再次批评他们，一次就够了。家长不应该暗示孩子，你认为老师不够权威，而破坏校方的威信（养育法则第 69 条）。但是，家长可告诉孩子，"即使你不同意老师的处理，你也应该按照学校的要求去做。你已受过批评了，所以我就不再批评你了。"然后改变话题。

　　是的，我知道孩子应该完成作业，我也知道，如果你不问孩子那些用脏的球赛用具在哪里，你就不能清洗（而你怎会知道孩子的脏袜子放在他们装铅笔的盒子里呢？）。但是尽量不要拿学校的事情烦

他们。孩子越大，学校就会占据他们越多时间，上学的时间更长，功
课更多，考试压力更大。所以，下课后给孩子一个喘息的机会就更加
重要。

　　这不是说，家长不能适度关切孩子的在校活动，即使孩子乐意，
也不能和他们谈论学校相关话题。不是这样的。这只表示，要给孩子
一点不受打扰的空间，让他们思考或者做一些其他的事情，来帮助孩
子扩展他们的视野。

　　**孩子越大，学校就会占据他们越多时间，上学的时
间更长，功课更多，考试压力更大。所以，下课后
给孩子一个喘息的机会就更加重要。**

75　不要娇生惯养，更不能随便就让他们不上学

　　我敢说，你孩子的班上一定会有些同学常常缺课。特别是寒冬时节，他们常常因为咳嗽、感冒或者想象中的过敏症状而缺席。他们被父母裹在羊毛毯中呵护。在学校，他们也常常因为手指受伤，或是昨天早上有点不舒服，而不下场打球，不下水游泳。我有个同学，他每次在季节性过敏严重时，就待在家里，不来上学。他许多重要的课都没上。一整个夏天，同学习惯没有他在旁边，等他秋天回学校上课时，没有办法再归队。而且他干嘛要缺课呢？他家有一个很大的花园——他在家反而比到铺柏油地的学校来，让他的花粉过敏更严重。

　　我要告诉你我这些年来注意到的一件事。那些会随便就让孩子不上学的父母，自己本身也常常因为一点头痛、感冒就不上班。他们的孩子长大以后，也常常会每次有点流鼻涕，就无病呻吟，要人照顾，

变成那种只要觉得有点不对劲，就不应该上班的成年人。

　　对于这样的父母（当然不是针对你，因为你不会如此），我要告诉他们：如果你有点小感冒，不管你上班还是在家，感冒不会消失，所以，还不如去上班。孩子也一样。把孩子训练成每次有点伤风感冒，就认为世界应该停摆，对孩子一点好处都没有。当他们以后的老板，因为孩子虽然工作表现优异但出席率却太差而不予晋升他时，他们也不会感激你。

　　咬紧牙根、坚持到底，这些传统美德跑哪去了？我们这些遵循养育法则的父母希望养育出有毅力、坚强的孩子，而不是性情乖僻、病快快的花蝴蝶。有趣的是，过去这些年，我和即使身体不舒服也会献身工作的人以及一打喷嚏就不上班的人共事过。可是你知道吗？那些勤奋工作的人，比起那些总是自怜自艾的人要健康多了。

　　当然，如果孩子真的生病，我们要让孩子在家休息，反之则不行。如果孩子能健康地跑来跑去，那他们可以到学校去跑跑跳跳。如果孩子真得病倒要躺在床上，盖着毯子躺在沙发上，那他们就该待在家里。孩子不上学，不能跟朋友玩，不能上课，这对孩子没有任何好处。还有，我们根本不要听信不要在学校里散布病菌的这种论调，你想孩子一开始是在哪儿感染到病菌呢？如果是轻微不适，还能够上学，那根本就不会对班上其余同学造成伤害。

　　所以，父母不要溺爱孩子，父母当然要对孩子表达同情心——伤风感冒也是很痛苦的事情——但是不要让孩子认为，这是休假的好借口。

　　父母希望养育出有毅力、坚强的孩子，而不是性情乖僻、病快快的花蝴蝶。

76　减轻压力，人生还有比作业更重要的事

在学校里，不管是考试还是连续性的评估，孩子都想获得好成绩。不管他们只是为了把书读好，还是为了想要在某学科进阶，或者为了想修某一门课，而必须维持好成绩——他们必须考试及格，甚至必须高分过关。

对此，他们自己很清楚，老师会不断地告诉他们，他们的同学会重复提醒，他们自己也会不断地告诉自己。他们真的不需要父母一再告诫他们，太多压力反而招致反效果。有时这真的会引起心理问题，有时候情况还挺严重的。

所以，父母的职责何在？父母需要帮助孩子有正确看法。在你16岁时，学校给你的印象很可能是，考试成绩与你的整个生活息息相关。但是其实不然。我所有基础级考试差不多都没考过，可是对我

也没妨碍。爱因斯坦以没考过期末考而闻名（你有没有注意到，我把自己和爱因斯坦放在同一等级，就是为了让我自己感到好过一点）。

　　父母要顾及考试对孩子所造成的重大压力。很可能无须父母强调，孩子本身已经对这种压力承受过度。所以，父母不仅不要再增加孩子的压力，还需要为孩子灌输正确的观点，多给他们一些希望。我们要知道，孩子很难看得远——看到毕业之后的事。而父母的职责就是让孩子知道，人生中还有比学业成绩更重要的事，而考试成绩不佳的人，照样可以成为一个快乐、满足的人。没错，孩子考试成绩优异，这样很棒，但是，如果他们考不好，世界也不会因此而瓦解。如果这个可怜的孩子已经处于过多压力之下，那么父母应该说些宽慰的话，减轻孩子的压力，这样反而让他们更有机会成功，而不至于因此而崩溃。这意味着，你要做的就是告诉他们，无论发生什么，一切都会好起来的。

　　但如果你认为孩子其实给自己的压力不够大，对作业一点都不认真，不考虑后果，那又该怎么办呢？在这种情形下，父母可以强调成绩对未来的重要性，却无需告诉孩子，该多努力用功，也无需质疑孩子，怎么还有闲工夫看电视，和朋友出去玩。最好的方法就是问孩子问题：你觉得自己考试过关的概率有多大？你想过如果考试不及格会怎么样吗？

　　毕竟孩子是否努力念书，是他们自己的选择。即使把孩子关在房间里，也不能保证孩子就会好好念书。所以，与其加重孩子压力，父母何不成为孩子的救赎，成为他们的避风港？一旦孩子明白你不逼着他们学习，他们更能学习自我规范。

**　　父母要顾及考试对孩子所造成的重大压力。**

77　不要以为自己最懂，事事为孩子做决定

在我 16 岁那年，我决定申请加入英国林业委员会（Forestry Commission）。就在我被录取了，正要开始接受训练时，我突然向家人宣布，其实我更想进美术学院念书。那真是巨大的转变。我妈妈对此一定大有意见，但是她智慧地不发一语，支持我的选择。我至今仍然不知道，她到底认为哪一种选择对我最好。

如果父母真爱孩子的话，你会忍不住对孩子多数的选择有自己的意见。父母会担心孩子选课太难；放弃修西班牙语以后会后悔；担心孩子只为了喜欢物理老师而去修物理。但是，对这些事情，父母无能为力。父母能做的只有温和的，不给孩子压力，不表示自己的喜好。帮助孩子做出最好选择，并支持孩子所做的选择，即使你担心他们所做的选择并不是最好的。

同时，你也要问自己几个问题：如果孩子不选择你认为他们应该做的选择会有什么后果。父母要孩子做的选择，是为了孩子还是为了自己？我知道你是遵循养育法则的父母，所以，你不会有意识地企图主导孩子走向某个非出于孩子自愿的职业生涯或人生道路，然而，父母很容易以为自己最懂。父母可能以为自己的选择是基于对孩子的最好考虑，但即便如此，父母也可能是错误的。

作为父母，你的职责比学校肩负的任务更广。父母不是只教导孩子化学、音乐、英文，父母要教导孩子人生技能，其中包括像是决策能力等。如果父母不让孩子自己做决定，父母就不是在真正帮助孩子。

机缘巧合，我后来没有成为林业家或艺术家，我后来尝试过各种不同的职业，然后才安顿下来，成为一名作家。我有一个朋友，在校时为了该修拉丁文还是俄文，挣扎好久，他现在经营一家人力中介公司。另外一个朋友为了大学该主修哲学还是社会学，取决不定，她现在在一个保育团体工作。我认识两个有化学学位的人，一个现在是成功的证券交易员，而另一位是成功的搞笑演员（不骗你）。我甚至还认识一位 72 岁的长者，他 15 岁辍学去当海关官员，60 岁时才又重返校园，获得法律学位，成为一名律师。

你看，我们的选择对人生道路会有某些影响，但长远来看，却不一定如我们原先预期那样，所以，何不让孩子就研读他们自己想读的专业。如果父母在孩子的成长过程中，给予孩子自信，提供他们所需的技能，那不管他们上什么样的学校，考试成绩如何，他们都会拥有一个能令他们快乐的职业生涯。

帮助孩子做出最好选择，并支持孩子所做的选择，即使你担心他们所做的选择并不是最好的。

青少年篇

读到这里，你应该已经成为一名对自己的养育方式很有概念的家长了。不过青少年总会丢给你新的挑战，让你对如何做个好父母理不出头绪来。

孩子长到十多岁时，父母教养的工作就完成大半，只剩下几年的光阴能够灌输孩子那些你希望他们带入成年期的价值和原则。不过，刹那间，孩子好似把所有你曾在他们身上下过的工夫尽抛脑后。

但实际上，父母只要保持理智，遵守以下基本的青少年法则，你会发现，最后你将打造出一名真正值得你引以为荣的年轻人。

78 帮孩子度过青少年的焦虑期

青少年，我也年轻过，那是一段很吓人的阶段。突然间，人见人爱的孩子变成一个好像不太认识的人。最好的时候，很难和他们沟通，闷闷不乐；而最糟糕的状况是，他们像是从地狱跑出来的恶魔。

所以，本篇的第一个原则是：不要惊慌失措。这是正常现象。你不是第一位经历此事的家长——大家都有这种经验。有些家长轻松应付过去，但是如果你有不止一名子女，几乎没听过有人能毫无痛苦，应付所有青春期儿女。如果真是这样，毫无痛苦也不见得就是好事。

还记得孩子两岁时期的可怕情形吗？那个恐怖时期又回来了——不过这次孩子体型加大，也比以前可怕得多。恐怖的两岁阶段是学步期的孩子，发现他们不是父母的延伸，他们不断扩张自己的领域，找出自己能做与不能做的事情，他们开始有自己的主见。而青少年则是两岁阶段的成人版。孩子要在人生中，走出自己的方向，而他们必须要能独立行动。所以，这就是他们能自由离开父母的阶段，而且他们对于自己能够走多远，不见得和父母意见相同。

此外，他们体内多种荷尔蒙激增，的确影响到孩子的脑部功能与沟通技巧（不相信我的话，到网络上找研究资料），所以，父母会置身于麻烦当中，这并不奇怪。

我认识一些孩子，在 16、17 岁以前就度过青少年的焦虑期，而有些孩子则到 20 岁出头才开始焦虑，然而，几乎每个孩子，在某段时间内，或多或少经历过这段时期。一般而言，那些喜欢保有童真，也许排行老幺，喜欢做家中宝贝的人，比那些从两岁开始就等不及要长大成人的孩子，要晚一些到达这个阶段。不过每个将要从父母身边独立的孩子都会经历这个阶段。

我有位朋友，女儿长到 18 岁，都没有表现出明显的青春期的烦躁和焦虑，她认为自己大概幸免于难。然受，6 个月后，女儿变得阴沉、无礼，正当同年纪的朋友纷纷脱离青春期之际，她却开始经历所有青春期的征兆——你看，稍不留神，他们就会出问题。

但是，令人欣慰的是，孩子一旦度过青春期，你所熟悉的那个孩子又会回来。变得有点不一样，当然啰！长大成熟了，但是，你花了好长时间教导他们的那些价值、观念仍然不受影响。父母只要保持信心，坚持几年，一切都会回到正常轨道。

每个将要从父母身边独立的孩子都会经历这个阶段。

79　和孩子像同成人那样交谈

你无可救药地爱着孩子，所以，看见孩子犯了那些你认为以后会对他们造成伤害的错误时，很难袖手旁观。这么多年来，父母习惯让孩子犯些小错——吃太多布丁；下坡时，脚踏车骑得太快。然而，随着时间消逝，孩子所犯的错误也越来越大。

如今，你只能看着孩子，在朋友的派对上饮酒过量，穿着低胸（或是开衩太高）的衣服。甚至在发生下述事件时，父母也得置身事外：即使你希望孩子能上大学，孩子却在 16 岁就决定辍学；孩子因为早起太累人，而停止一份很棒的周末工作。这比起让两岁大的孩子吃太多布丁要严重多了，风险也更高。

最糟糕的是，你甚至还要目睹孩子重蹈自己当年的覆辙。孩子在前程看好时，却退选科学科目，只因为他们讨厌那个老师，或是一时冲动，将辛苦打工存的钱，拿去买了一部甚至开不顺畅的车。你可以教训孩子，也许你已经告诫他们了，很可能还会对他们大呼小叫，大发雷霆……不过，多年以前，当你的父母同样告诫你的时候，父母的话，你听进去了吗？

除非孩子让自己身陷险境，否则，父母只能忍耐。有时候，情况紧急，但父母也别无选择。对孩子说越多，就越把他们推到相反的方向。因为孩子受到自然生理发展所限，他们需要寻找可以发泄或是叛逆的事情。父母越用力，他们的反弹也越大。记得牛顿第三运动定律吗？每个作用力都有一个方向相反的反作用力。可以把牛顿这个定律称为青少年第一定律。

那么，看到孩子走错方向时，该怎么办呢？父母可以告诉孩子自己的想法，而不是做法。要用对待成人的方式和孩子交谈，而不是："让我告诉你我怎么想的。我认为你是一个蠢蛋！"要采用比较类似这样的方式："这是你的决定，不过你有没有想过，如果你把钱花在这上头，你怎么填补这一年的亏空呢？"用对待成人的方式和孩子交谈，也许他们也会像个成人来回应。如果这次不成功，也许下次会成功。如果孩子知道你会把他们当成平辈，给他们建议，那孩子一定会迫不及待地寻求父母的意见和建议。

用对待成人的方式和孩子交谈，也许他们也会像个成人来回应。

80　让孩子有发言权

孩子必须学会如何做决定、如何妥协、如何与团队协作,如何与人沟通。还有什么方法会比让孩子参与家中的决定更好呢?在涉及他们的问题上,一定要和孩子商量,你也会期望别人这样对待你吧。

当然,不是每次都由他们说的算,他们必须了解,这是你的房子,你的钱,你有最终的否决权,虽然你不是每次都会动用否决权。父母不能光被孩子驱使,只因为孩子梦想有自己个人的卧房和书房,父母就得增建三间卧房。但是父母还是能就如何改变现有空间,充分利用空间一事,征询孩子的意见。

随着孩子慢慢长大,他们需要学着做决策,接受别人征询意见,接受成人般的礼遇。孩子的房间漆什么颜色,为什么不问问他们的意见呢？特别是如果孩子要自己动手油漆的话。我记得我有个孩子十几岁大时，把房间墙壁上的一个破洞填补起来——完工时，那个洞补得坑坑巴巴不平整，足足有六寸宽。我没有再加以整平，把它保留下来，作为孩子第一次企图装修自己房间的纪念。孩子离家已经很久了，但是不平整的地方还在。而现在，他可是刷油漆和自己动手做（DIY）的专家。但是墙上突起的地方提醒我，孩子必须有起步的地方。

当孩子还住在家里，遇到全家出门度假时呢？父母要做出预算，但是孩子到了青春期时，大家可以一起决定该到哪里度假。父母可以坚持保留否决权，但孩子也可以有反对意见。

这条法则不只和做决定有关系，虽然做决定很重要。这也是让孩子对家庭事务有参与感，在与家人息息相关的决定中，让孩子共同参与。这也可以应用到制定家规上头。英国世界杯橄榄球赛的冠军队，全体队员会一起坐下，协议出帮助获胜的队规，因为大家一起制定这些规矩，所以，球员们都坚守着这些规则。

当然，父母越能找机会，把青少年当成负责任的成年人对待，亲子关系就会越融洽，孩子也越受鼓舞，让自己的行为举止，像个负责任的成年人。这样一来，大家都能松口气。

让孩子对家庭事务有参与感。

81 不要刨根问底，那将严重损害你和孩子间的关系

青少年会做出一些你不会想知道的事情。当然，你不会全然不知，这就是为什么你会担心的原因。如果你能够完全漠视，反而会快乐许多。

瞧，我敢说，女儿和男朋友的关系进展得比我期望的还快。儿子看色情杂志，两个人都偷偷抽过烟，但是在他们房里，没有任何的证据，所以，你不必费心地去找，那没有意义。总之，父母不需要翻箱倒柜，偷看孩子的私密日记。

你不可能发现那些在你之前成千上万的家长都没找到的东西。其实，你大概也不会找到任何你父母以前从你身上没找出来的东西。那怎么办呢？直接质问孩子吗？我认为没必要。这样会严重损害你和孩子的关系，而他们以后对你会更加守口如瓶。

也许你应该回想一下自己少年时期做的那些不想要父母知道的事情。也许你现在也有些事情不想告诉自己父母。看见没，你的孩子不过是个完全正常的青少年。如果父母不要对孩子做的那些十分正常的青少年事件小题大做，那么，孩子更可能在遇到处理不来的事情，或是遇到大麻烦时，自己来告诉你，而这是十分重要的一点。如果父母表现出那些不可告人之事其实很正常的态度，孩子会觉得他们可以和你对话，无须担心你会暴跳如雷。

让自己忧心忡忡其实没有任何意义。到了这个阶段，父母必须依赖自己多年来对孩子的教导。根据养育法则第 79 条——你越找孩子麻烦，孩子就越麻烦。所以，不要刁难孩子。

往好处看，父母不挖掘孩子的秘密，不读他们的日记，这样反而会强化亲子关系。孩子会尊重父母允许他们保有隐私（他们当然不会这样说），感谢你有开明的现代化的养育观，让他们的青少年岁月不受打扰。

让自己忧心忡忡其实没有任何意义。到了这个阶段，父母必须依赖自己多年来对孩子的教导。

82 从小让孩子学习自力更生

你从 18 年的时间开始倒计时，你还剩下几年的时间和孩子在一起？因为一旦倒数归零，孩子就得自己自力更生。这表示孩子必须知道怎样购物、煮饭、整理（至少要有所了解）、自己洗衣服、付账单、就业等等。

我知道有些父母，孩子长到 18 岁了，却还是处处关照他们——我没有性别歧视，不过，会这么做的，几乎都是妈妈，而孩子也不笨，就让父母做吧。事实上，我就有一个朋友，35 岁了，还是把脏衣服拿到妈妈家。我不是说他向妈妈借洗衣机，这样或许还可理解，我是指，他把脏衣服就丢给妈妈洗。出现这种情况，两个人都有责任。

你现在正进行倒计时，再过几年孩子就独立了。如果孩子长到

18 岁，从来没用过洗衣机，没有煮过一顿像样的晚餐，这样对孩子公平吗？孩子可能不知道这会让他们处于劣势，但是父母却很清楚。作为一名遵守养育法则的父母，溺爱孩子只能让孩子在面对真实世界时手足无措（参见养育法则第 75 条）。

父母知道孩子的优缺点，所以，认真想想孩子尚需要学习的地方，确定他们学会这些事情。如果孩子没有财务观念，教他们做预算，让孩子按家用预算，采购一个星期的家用品；孩子买手机时，要坚持不能超过你们双方原先约定好的金额。

让孩子负责洗一个星期的衣服（可以考虑免除一个星期的洗碗差事），好学会操作洗衣机，让他们明白，衣服洗好后得全部挂起来晾干，然后还要把所有的衣服折好，是多么累人的一件事（这样也许还能让孩子不会随随便便把几乎没穿过的衣服丢进洗衣篮）。

父母甚至能在外出几天时，让大一点的儿女看家。对，我知道你现在在想什么。没错，你必须想出够好的酬劳，让孩子能抗拒邀请所有朋友来家里疯狂派对的诱惑。你要让孩子知道，你还请了朋友或邻居关照他们。

你一定要具有创意，用心想出一些有趣的方式，教会孩子重要的生活技能。这些方法必须能让孩子感觉颇为有趣，至少在新鲜感消失以前，应该已经能让他们学会某些技能了。

溺爱孩子只能让孩子在面对真实世界时手足无措。

83　要尝试接纳孩子，而不要跟他们奋战到底

你已经知道，要允许孩子犯错（养育法则第 79 条），目前一切看来都还不错。但下述事件中，你愿意让孩子自行决定哪几项？

- 骑摩托车；
- 逃学；
- 说脏话；
- 吸毒；
- 抽烟；
- 16 岁以前发生性关系。

的确很为难吧，事情越来越难，对不对？你真的允许孩子从事上述所有的事情吗？让我们从另一个角度来看问题：你如何阻止他们呢？在目前这个阶段，父母的选择其实挺有限的。你可以对他们

大吼大叫，但是跟他们 5 岁的时候比起来，这已经不太管用了。而且现在他们能够以比父母更大的嗓门吼回来。你可以对他们下禁足令，但是一个有脑筋的青少年可能会爬窗子出去，或是尽量守规矩，直到你再让他们出门为止，然后尽量小心，不要再被你抓到把柄。你可以拒绝给他们零花钱，但是他们现在已经到了可以自己赚钱的年龄了。

我认识一个人，因为他剃了个大光头，他老爸就不让他继承家产（他来自富裕家庭），但即使如此，也无法让他重新蓄发。这就是青少年，如果被剥夺继承百万家产都不能驱使他做某件事，那就别无他法了（结果这位父亲不久后突然去世，来不及冷静下来，将儿子重新写回遗嘱中，所以，这个儿子真的因此而损失大笔财产）。

所以从根本上讲，父母别无选择，无论父母怎么做，青少年行事就像青少年。所以父母要不就接纳孩子，要不就决定跟他们奋战到底，而后者更可能让孩子做出父母不想要他们做的决定。

当然，还有一件父母能做的事：信任孩子。有人会唆使孩子从事那些父母不希望他们做的事：性关系、吸毒、抽烟。但是如果父母信任孩子自己能做出负责的决定，孩子就有可能办得到。如果这样还没用的话，那就没有其他妙方了。相信我！

如果父母信任孩子自己能做出负责的决定，孩子就有可能办得到。

84 大喊大叫无法解决问题，孩子需要的是冷静的父母

假设你的孩子做过法则第 83 条中所列举的所有事情，是的，这太恐怖了，不能多想。但是如果他们犯了其中一两项，而事情已经乱套了。他们无法戒掉烟瘾，染上性病，被学校退学。你希不希望孩子向你求助呢？

你当然希望他们向你求助，毫无疑问，你希望能帮助孩子。但是你确定孩子会告诉你吗？孩子如何决定要不要告诉父母呢？答案是：孩子会根据过去你得知事情后的反应来做判断。也许是从以前发生过的一些小事情——他把油漆滴得房间的地毯上到处是，或者是上次他对你承诺，派对后会找人开车送他回家，结果你发现他自己走路回家。

你当时是怎样反应的呢？有没有对孩子大吼大叫，告诉他们，你

对他们有多失望，他们根本不值得信任？还是，你当时很严肃但很冷静地跟孩子讨论，并解释为什么你很在意？

事实上，咆哮、吼叫，告诉孩子他们令人失望，可能是完全合理的，但是这对父母所期望的结果适得其反。如果你希望孩子遇到麻烦时会寻求父母协助，孩子就必须知道，父母会认真看待事情，但不会怒斥他们。你可能不喜欢这种说法，但事实就是如此。你在青少年时期一定也有相同的感受。如果父母喜欢大声斥责你，我敢打赌，你告诉父母的事情一定不及你那些拥有冷静父母的朋友的一半。

孩子可能已经知道自己做错事，对做出愚蠢的事，他们可能也觉得很羞愧，不好意思。你无须再大声斥责他们，增添他们的羞辱。事实上，如果父母的反应冷静，不羞辱孩子，孩子甚至可能会十分感激。而这样一来，下次发生不顺利的事情时，孩子寻求父母协助的机会就会大大增加。

记住，孩子会用父母今天、明天，以及下个月对小问题的反应来衡量你。基本上，孩子到达某个年纪以后，你必须改变所有的养育方式。父母不能一直告诉孩子，该做什么，不该做什么。父母必须更像一名良师益友、一名顾问。所以，当孩子长到 18 岁时，你可以像对待平辈一般来对待他们。当然，孩子还住在家里时，要遵守家中的规矩，就像父母的朋友，甚至祖父母，也得遵守主人家的礼节一样。

　　至于孩子的人生规划，父母其实无法掌控，所以，不要假装你能掌控一切。这一点在孩子长到 15、16 岁时就应验了。所以，停止对孩子咆哮，开始像成人般地对待他们。尽管这样做会很困难，但这就是唯一有效的方式。

事实上，如果父母的反应冷静，不羞辱孩子，孩子甚至可能会十分感激。

　　唔，这一条有时很难办到。但是你不能什么都看不顺眼，你也不想大呼小叫——正如我们前面所说的。

　　你和十来岁孩子的谈话并不总会在亲切友好的气氛中结束。我想你了解这一点。这意味着当你结束了一段不太愉快的谈话时（或者你的孩子走开了，从而替你结束这段谈话时），你们中的一个可能会说出一些坏脾气的、不讨人喜欢的、气愤的、挖苦人的话。另一个会顶回去。然后这一个又骂回来……如此往复。可是，你的谈话还没有结束呢。这种对话不再具有建设性。实际上，这是陷入了一场我们都想要避免的互相大呼小叫的争执之中……

　　等等，够了，停下来。总有一个人得先闭上嘴。所有十来岁的孩子都擅长用最后一句话刺伤你，让你忍不住要反击。别上当。别让他们把你拉回争吵中。无论如何，不要针对孩子的出言不逊和顶嘴发起毫无意义、毫不必要的争执。

总得有一个人克制住自己，不去说最后一句话。所以唯一的问题在于，应当是你们中的哪一个？应当是：

a. 有多年生活经验，对事情的状况有着成熟的理解的那位，还是

b. 非常缺乏经验，全身充溢着好斗的荷尔蒙，爱面子的羽翼丰满的年轻人？

我并不想替你回答这个问题。只不过当你无法抵制诱惑，想要去说那最后一句话的时候，我想要指出这一点。我不明白你为什么会因为你的孩子经不起诱惑而批评他。抵制诱惑实在太难了，我向你保证（实际上，我写下这条规则是为了自己可以反复阅读，直到它深深扎根在我的脑海）。但是如果你有能力闭上嘴，那么这就是给你的孩子树立了一个了不起的榜样。因此，做给他们看看，这样做的同时也是维护了自己较高的道德水准。

所谓的最后一句大多是关于你"赢了"或保住了面子。让对方说最后一句似乎就是承认争吵中他们赢了。能让我闭上嘴的唯一良方

就是事先下定决心要比他们有更多的自控力，并通过忍住不说最后一句话表现出来。这意味着当我选择不做出回应的时候，我能控制住自己，这在心理上将我置于优势地位。至少在我的小世界里是这样。这很管用——这会让许多与孩子的争论短很多，也说明这么做是值得的。

无论如何，不要针对孩子的出言不逊发起毫无意义、毫不必要的争执。

86　让孩子知道不能期望不劳而获

孩子在人生中必须学会很重要的一件事，就是权利与责任息息相关。教导孩子是你的任务，还是应该说，教导子女是你的责任呢？

孩子有权利要求自己受到像成人一般的对待。但是孩子也应该了解，这种权利伴随着责任，他们的行为要像成年人一样。如果他们不负责任，他们就丧失权利。

孩子一旦进入青春期，这个原则就开始生效。对于他们所要求的每项权利（天知道青少年多么喜欢讲究权利），你可以举出相对的每项责任。我有朋友把这个原则沿用到孩子的零花钱上头。他的孩子每星期有权利支付固定额度的零花钱，但是父母也解释，孩子对家庭有责任。这表示，为了让家庭运转顺畅，孩子必须执行某些例行的家务——饭后把厨房清理干净，保持家中整洁。如果孩子逃避责任，他们就没有零花钱。

　　这也同样适用于要求尊重与被尊重的权利，孩子们有权要求别人尊重他们，但如果孩子对父母说话大呼小叫，说出不敬的话，他们就失去受别人尊重的权利。父母可以拒绝听他们说话（或起码把他们的话当耳边风），直到他们能对你保持尊重。

　　有朝一日，你的孩子进入外面广大的世界后，必须知道这些原则，他们不能期望不劳而获，而青少年时期正是学习权利与义务关系的最好时机。孩子希冀的每件事，都得付出代价：受尊重、零花钱、独立、自主、地位。权利的确伴随着责任。

　　事实上，孩子其实挺喜欢这一套的，他们真的喜欢，因为这表示父母在意他们。当你告诉孩子不能在外面逗留太晚，除非他们能告诉你自己所在之处，什么时候回家。父母在意他们，让他们暗自高兴，虽然他们嘴巴上不会这么说。但是他们会告知回家时间，因为他们知道，如果不这么做，会失去下次出门的机会。

　　所以，帮孩子一个忙，不要让他们推卸责任。每次孩子对你有所要求，让他知道你所期望的回报。这会教导孩子权利的价值，为他们的未来做好准备。这应该也会让父母的日子更加惬意。

青少年时期正是学习权利与义务关系的最好时机。

87　尊重孩子的喜好，能跟孩子一起培养共同兴趣

我认识一个人，他从青春期开始出现一些心理问题。他经常把自己关在房间里一整天听音乐，这是唯一能让他真正快乐的事情。不过后来他的情形越加恶化，即使后来长大离开家后，问题还是没有改善。多年以后，他提及一件很值得深思的事。他说有一件事大大打击他的自信心，那就是，他的父母对他所听的音乐视为糟粕。

你看，当父母批评青少年的选择时，就等于是在批评他们。青春期是一段自我很脆弱的时光，自信心很容易被击倒，孩子很轻易就认为父母不认同他们，甚至不喜欢他们。他们需要知道的是，你能接受他们的选择，不管是孩子听的音乐，谈论的政治，穿衣服的风格，还是成为素食主义者的选择。

这就是青少年自我矛盾之处。他们一方面想叛逆，做出令父母震

惊与不可置信的事；但另一方面，又希望父母能认可并同意他们的作为。我知道这让父母很困惑，但是孩子比父母还惨。他们被困在自己想从一名依赖的儿童过度与转型为成年人的心智与身体当中，而大半时间，他们却又不知道，自己到底想要什么。上一分钟他们想要自己快快长大，而下一分钟，周围事物又似乎令人害怕，让他们裹足不前。你必须要能接受这个现实，配合行事。

同时，你要关心孩子喜爱的事物。他们可能不会流露欣喜的表情，但是他们会认为父母这样很酷。父母无须做得太过火——真的，千万不要喔，因为没有什么比一个40岁出头的父亲假装沉迷于最新流行的舞步更糟糕的事。不要太认真！父母只要表现出感兴趣的样子。不需要假装自己是孩子钟情的音乐或服饰的粉丝，但也不要压制他们喜爱的事物。

实际上，你很可能会因此而发掘许多值得喜欢的事物。这是拥有青少年儿女的众多好处之一，因为他们很接近成年期，所以会有一些颇有品味的嗜好。父母如果够开明，可以从孩子身上学到许多。

青春期是一段自我很脆弱的时光，自信心很容易被击倒，孩子很轻易就认为父母不认同他们，甚至不喜欢他们。

88　和孩子尽量轻松自在地谈性

我并非谈论你的性生活，我希望你在这方面没有问题。但我指的是一般的性观念，也特别指的是你家青少年孩子的性生活。他们也许还没有经验（你确定吗？），不过他们迟早会有。父母要确保当孩子有性经验时，会是愉悦、安全且满足的经验，而不是偷偷摸摸、肮脏、慌乱的。

那么，什么最能够让孩子有幸福的体验呢？什么事能让孩子对自己有信心，愿意等到自己完全成熟了，才有第一次性经验？对了，就是要让孩子对这个议题感到轻松自在。孩子对性懂得越多，就越容易讨论相关话题，也就越能抗拒性的诱惑，再不然，他们也要知道，一定要用保险套，懂得尊重伴侣的感受。

你完全可以相信我，父母和子女在家中对性（还有毒品、酒精、抽烟等）的话题讨论越多，青少年子女届时就越有把握自己能做出成熟的决定。即使是自认和儿女有稳固关系，最开明的父母也说，这是想和儿女自在讨论的议题中最棘手的一项，而这大概也是因为青少年们也公认，自己对这话题难以启齿。然而，父母有义务让孩子知道，这绝对是个能和父母谈论的正常话题。

学校当然会教导孩子性的生理构造，很可能也会告诉孩子艾滋病和性病的基本事实，教孩子如何带保险套。但是孩子大概会和朋友，从头到尾嘻嘻哈哈。而这些教导并不会告诉孩子，性关系是成人生活中正常的一环，也不会告诉他们，性关系也牵扯到情绪上复杂的关系。而这正是父母必须告诉孩子的，不要完全仰赖学校的教导。

这并不是说，家长必须教孩子正襟危坐，来场性的正式对话。我的确试图和我某个孩子正式谈论这个话题——现在回想起来，那时其实可能为时已晚——最后我问他，还有没有什么需要知道的事情。他回答："谢谢爸爸，我没别的问题。喔，还有，现在和你们那个年代已经都不一样了。"这样的回答让我颇为惊讶，也勾起我的兴趣，想听他多说一点，但是孩子悻悻然，拒绝对此多加讨论。

如果你开得了口，能够和孩子有场正式的对话，那没什么不好。

但是当时机来临，性的议题可以成为日常对话中的一环，套用一部电影或新书中的故事情节，或是朋友的艳遇。在谈论这些话题时，不要孩子一出现就急忙改变话题，要继续讨论，甚至询问孩子的意见。父母要确保自己每次都表明一种负责任的论点。我倒不是说，婚前不准发生性关系，我的意思是说，要告诉孩子，和别人在情感上有乱七八糟的牵扯是不对的，也可以说，不要拿自己的身体健康开玩笑。

父母要确保自己每次都表明一种负责任的论点。

危机处理篇

如果你能让孩子安然度过他们的童年，不必遭遇真正的危机事件，那真是一件美好的事情。但令人悲哀的是，这只有极少数家长才能办到。危机处处存在，可能是因为父母离婚；家人病重、死亡；家中财务出状况；孩子在学校遇到严重的恃强凌弱事件、父母被解雇、房子遭银行查封。这些状况，一般来说，都算是重大问题，家长有足够的理由为孩子担忧。

你可能有各种绝妙的养育方法与技巧，有良好的家规，能让你驾驭多数与孩子相关的日常问题。但是当上述危机突然来袭，你通常毫无准备，平日的运作系统似乎不足以应付眼前的危机。你可能饱受惊吓，惊慌失措，甚至自己陷入低潮，你也可能突然得独立照顾孩子。在这些状况下，你可能需要一些帮助来渡过难关。

当最坏的状况发生了，本部分有一些大原则帮助你应付危机，让你安心，知道自己没走错方向。你一定会渡过难关，因为你别无选择，孩子也会从中学习。可以确定的是，因为有了自己的亲身体验，孩子会变得更坚强，更能善解人意。

89　婚姻有危机，别把孩子当枪使

当然这主要是离异的父母，不过在发生其他危机，夫妻关系有点紧张时，你也可能掉入这种陷阱。当你情绪激动时，所有家人的情绪也会跟着波动。所以，不管你是深陷烦乱的心情，在近乎绝望的忧虑中，还是感到严重沮丧，无法抑止伤心，很可能你每次感到生气的时候，你会感觉自己几乎怒不可遏。可能每次都这样，也可能偶尔这样，但是每当你感到愤怒时，你就很想尽可能地挑起争端。

不幸的是，你最强有力的策略就是利用配偶（或是前夫/妻）对孩子的爱。也许你会限制配偶和孩子接触的机会，只容许配偶在你明知对他不便的时间来探望孩子，或者在最后关头才告知配偶你的某些计划。甚至在孩子面前诋毁配偶，破坏孩子对配偶的感情；或是很技巧地让孩子知道，你的幸福取决于他们。

　　也许你自己身受上述策略之害。这会让你蠢蠢欲动，想以其人之道还治其人。毕竟是对方自己先来招惹的，不是吗？然而是谁先开始的重要吗？我不是指对父母而言，而是孩子在乎是谁先发动这场战争的吗？孩子最在乎的是，父母停止互相攻击。孩子不是笨蛋，他们知道父母在做什么，甚至了解一部分。他们知道自己被夹在所爱的父母之间。其实即使没有父母间的战争，情形已经够遭了。孩子不懂如何处理严重的人际冲突，但是通过观察双亲的互动，孩子正在迅速学习。你确定你们双方现在所教导他们的正是你们希望孩子学到的东西吗？

　　当你的配偶或是前夫/前妻玩弄这些手段时，你很难不以牙还牙。但是你必须抵抗这种诱惑，维持道德高度十分重要（请见拙著《人生法则》（The Rules of Life）一书第 94 条）。是啊，我知道这条法则重要但很难办到，不过你是个有原则的人，你办得到的。你一定要这样做，以平静有礼、诚实而正直的态度，来回应每个挑衅、每个恶劣的策略，让你做个值得自己骄傲的人。

　　我的一个朋友和丈夫的关系一度非常紧张，庆幸的是，她是一位完美的遵守法则的人。有一天她儿子突然宣布，爸爸说他 14 岁的生日可以获得一部越野摩托车作为生日礼物，虽然双亲之前一致同意，可这要等到孩子18岁才行。这显然是一个计划，先生出难题给她，同时借买儿子喜爱的东西来拉拢儿子。出于沮丧，我的朋友很想一五一十告诉儿子，她对他那不称职的父亲的看法。然而她要求自己自制，对儿子不吭一声，私下和丈夫解决此事。她发挥高度自制力，节制自己的言行，最后终于和丈夫妥协，解决争端，把送礼物的时间延到儿子16岁，但同时，丈夫可以每个月找一个周末，带儿子参加越野摩托车的相关活动。

　　这样做的回报是什么呢？如果孩子现在还不能理解，终有一天，他们会明白，你这样做是为他们好。这会强化你和孩子之间的关系，最棒的是，这种结果会比原先的安排让孩子更为快乐。而这种感觉一定会比从对配偶反击的行为中所获得的任何小满足，更让你觉得坦然。

当你情绪激动时，所有家人的情绪也会跟着波动。

90　让孩子以自己的方式来处理

　　多年前，和第一任妻子离婚时，我成了几乎一无所有的单亲爸爸。孩子和我住在只有简单家具的出租房里。有个晚上我和儿子谈话，两人只有纸箱可坐，我已经克服了因孩子即将面对困境而产生的罪恶感。我告诉孩子："我真的很抱歉，让你经历这些事情，很对不起。"你知道他怎么回答我吗？他说："不会啊，爸爸，这样很好，还蛮有意思的。"

　　当然，他不是说他希望父母离婚，但是当我十分担心生活环境困窘时，他却觉得好像是无限期的露营假期。我只是假设孩子的感受与我相同，但事实上，我却是大错特错。

　　反过来也是一样的道理。有时孩子的感受比我们还要深刻。你可能记得自己以前在学校被取绰号时，自己根本不予理会。但这并不表示孩子也一定能这样办到。也许你对因为调职而搬迁不以为然，但是青春期的女儿也许伤心欲绝。她难过是事实，父母必须严肃看待。光是叫她要坚强，以后还会结交新朋友，可以通过电子邮件、MSN、短信（我们那个年代还没这些工具呢！）和朋友联络，并不足以安慰他们。

在处理孩子的情绪问题时，特别是在发生危机时期，你自身的感受无关紧要，唯一需要重视的是孩子的感受。把重点放在孩子身上，忘掉自己的立场。我有一个很亲近的朋友，配偶突然去世，当她把消息告诉孩子时，孩子显然很悲伤。但是后来所有的孩子，有时候还是继续嬉笑玩乐。她告诉我，刚开始，当她看见孩子快乐的样子和看见他们不开心的样子，几乎让她同样难过。但是孩子应付悲伤的对策和大人不同，拿孩子的反应对照你自己的情绪反应，是没有一点好处的。

面对人生中某些重大事件，不要去臆断孩子的反应。让孩子自己告诉你他们的感受。不要假设孩子所需的支持和你相同。孩子可能喜欢有朋友在身边，而你可能不喜欢被打扰；孩子也许想保留原定的度假计划，而你却无法忍受；他们可能想要取消家中派对，而你却不

想。如果你有不止一个孩子，他们每个人的感受也可能不尽相同。这
些事情会导致困难的抉择与妥协，而只有你，在发生冲突时，能够决
定到底要采取孩子的方式，还是你自己的方式。

　　重要的是，要以认真对待自己感受的态度，认真看待孩子的感受
与孩子的应对之道。

　　**特别是在发生危机时期，你自身的感受无关紧要，
　　唯一需要重视的是孩子的感受。**

91 面对大变化，父母要协助孩子学习如何与悲痛共处

我经常会遇到一种奇怪的想法，好像小孩子对过去的事情比大人容易释怀。我不知道这种想法打哪里来的，但是我可以告诉你，这是无稽之谈。

当然，在某些事情上，有些孩子比某些大人容易释怀，但是在成长的过程中，小孩也更容易想起所受过的创伤。毕竟孩子一直在成长中，而过去所发生的事件的重要性也会随着时间的推移而改变。一个一开始似乎对亲人去世调适良好的小孩，也许会在几年后因悲痛而备受煎熬；有人在 5 年前对孩子说过的话，也许至今仍在孩子脑中环绕不止；也许孩子私下仍希望父母复合，而每次发生任何似乎会把这个梦想推得更远的事件，都会让他们希望幻火。

虽然我们这些大人并不完美，但是我们多数人，大多时候都想设

法一次就把事情处理完，渡过难关。也许我们从不曾完全卸下悲伤与痛苦，但我们学习与悲痛共处。然而，对孩子而言，难度更高。随着孩子的成长，过去的情绪反应会反复出现。孩子也许会比大人早一点从起初的震惊中恢复过来（也可能不会），但是孩子没什么经验处理自己的情绪，他们可能要花很长的时间才能理清自己的感受，明白自己该如何应对。

所以，不要以为孩子比大人容易释怀。遵守养育法则的父母绝不会轻信如此荒谬的陈腔滥调。

孩子们需要父母的帮助。比方说你的财务状况突然下滑了，这会对孩子造成巨大的影响。他们可能没办法和朋友在各方面平起平坐——度假、课外活动、手机、接送他们上下学所开的车等，对孩子而言，这可能很惨。孩子失去一大半朋友，自信心受损，在同学中的地位与自尊受挫，不能去度假，而父母挣扎靠着大幅紧缩的预算度日。即使日后家庭经济重新恢复，上述事情仍须靠时间慢慢修复。

让孩子们知道，你了解他们会有与你不同的感受与问题，但是你会用认真的态度看待他们的处境。你无法提供他们和以前一样的优质生活或是快乐共处的父母、过世的兄弟姐妹或者父母、健康状态或者任何他们失去的事物，但是你可以让孩子知道，你很在乎他们，不会强人所难，期待他们从伤痛中迅速恢复过来。

随着孩子的成长，过去的情绪反应会反复出现。

92　关注孩子长期的改变，必要时给予额外的支持

　　当然，最终孩子会停止哭泣，至少会接受现实。假以时日，就和我们一样，他们会学习接受父母离婚了，或是有人去世了。如果孩子生病、受伤，甚至出现四肢残疾，他们会适应现实，也许有些朋友能吃的食物，他们得忌口。如果孩子必须跟着父母搬家，他们迟早会结交新朋友，适应新学校。

　　但这并不表示事情全过去了，有的危机事件过去了，你仍留在原点，得重新开始，然而，大多时候，你的处境跟从前会有所不同，甚至有时候，时过境迁，人事全非。一个孩子也许会接受父母死亡的现实，但他们将永远成为失去父亲或母亲的孩子。这会让他们与众不同，要永远背负初创后所留下的不幸。每一个学校里有球赛的日子、每个颁奖日，对他们而言，都不再相同。每个生日、每个圣诞节、每

次的家庭聚会，他们都会感受到某种失落。

离婚也是如此，只因为孩子接受父母离异的现实，甚至对远离那段感情分裂期感到如释重负，他们仍必须和住在不同屋檐下，沟通不会像以前一样良好的父母共度剩余的童年岁月。

他们的节日与假期不复往昔，学校公演时必须特意安排，避免双亲碰面，或是让双亲在碰面时不至于尴尬。孩子必须学习接纳双亲的新伴侣，甚至接受继父或继母。

可能你的孩子曾经历病痛的折磨。我认识一位3岁的小孩，他在车祸后，一双脚必须截肢。他似乎调适甚佳，十分勇敢，但是他将永远成为一名没有脚的孩子。这会影响他所能参与的活动——不管他是无法参与，或者他充满斗志，以过人的表现来证明自己——而这也会让他在大一点的时候，成为恃强凌弱的对象，或是凡事作壁上观。不论是什么样的影响，正面或负面的，他的人生和一般拥有双脚的孩子的成长过程会很不一样。

毫无疑问，作为家长通常很痛苦，你会关注孩子长期的改变。但是旁人并非都能意识到，而这会让你很难接受。有时候你必须点破事实（也许你会觉得，这些事何必还要你来说），有时候你必须给孩子额外的支持，让孩子知道你了解他们的处境。

重大的危机会影响孩子一辈子，但请家长放心，即使在很坏的情况下，有些改变也可以是正面的。孩子或许会变得更独立，更有同情心，更坚强，而这可能会给孩子带来许多成长。

一个孩子也许会接受父母死亡的现实，但他们将永远成为失去父亲或母亲的孩子。这会让他们与众不同，要永远背负初创后所留下的不幸。

93　尽可能把真相告诉他们

孩子们非常天真，这一点不足为奇。特别是年幼的孩子，他们可能不了解，甚至不知道离婚、破产、死亡到底是怎么一回事。然而孩子有一种无法被欺瞒的聪明，能够侦测到周围散发的异常气氛。他们会知道事有蹊跷，即使他们不知道到底出了什么事。

不管是有人患了病重，或是你和配偶吵架（即使是私下或只有当子女不在家时），你为工作或财务焦虑，孩子都知道。当然，除非你告诉他们，否则他们不会知道细节，但是他们会看出端倪。

这就是为什么你应该告诉他们的原因，否则孩子别无选择，只能靠自己寻找解释，而孩子的解释通常比实情还糟糕。青少年可能认定家长间的争吵和凝重的气氛表示父母即将离婚——而你们可能是为财务争执，却没有想过离婚。孩子可能风闻有人病得很重，认定那个病人就是你，而其实那却是别的亲人。这虽然也很糟糕，但从孩子的观点来看，至少比父母卧病在床要好得多。

　　你看，不告诉孩子实情只会让事情更糟糕。你无法不让他们知道，所以，就别企图隐瞒。如果不妥当的话，你当然无须把细节全盘告诉孩子，但是起码告诉孩子一个梗概。

　　你必须靠自己的判断力，决定在什么时候告知孩子，决定要告诉孩子多少信息。同时也要考虑孩子年纪大小，你不会告诉一个两岁大的孩子和一个十五岁的孩子一样多的事情。一般的原则是，告诉孩子最基本的消息，然后回答他们的问题。孩子越大，问题就越多。如果事态让孩子情绪激动，很痛苦，那就不要提供孩子超过他们想知道的信息——孩子不想知道，大概就不会追问。当他们准备好想知道答案时，他们就会开口问。

　　至于应该什么时候告诉孩子呢，一旦孩子注意到发生事情时，你就要告诉他们。不要因为自己不想触及这个话题，就欺骗自己说孩子还没注意到，你要全然诚实地面对自己。不管如何，年纪大一点的孩子会释放出许多信息，从负面意见——每件事我都是最后才知道的那个人，到当面询问——没事情吧？如果坏消息是无可避免的，例如，有家人得了绝症，要让孩子有时间调适，不要在最后一刻才告诉他们。

我所知道的那些模范父母，他们遵循这样的原则，不要隐瞒孩子，要对孩子据实以告，尽可能简洁诚实地把真相告诉他们。当然，最终的决定权还是在你手中，你可以选择试图不让孩子的生活受到干扰，不过很可能你会很为难，而孩子终究还是会发现事实。也许这样一来，会让他们更难接受，因为相对于有时间做调适，这种做法对他们而言是突如其来的震惊。

孩子也是家中的一分子，而所有会影响家庭整体的事务一定会影响他们，所以我主张孩子有知情权。

孩子有一种无法被欺瞒的聪明，能够侦测到周围散发的异常气氛。

94　教会孩子虽败犹荣，他们可以再接再厉

没有人喜欢失败，但对孩子而言，有时候那简直是糟糕透顶的事。大人知道考试考不好，其实没什么大不了的，但令人难过的是，有些孩子甚至会因为害怕考试失败而自杀。孩子迟早会在某件事上栽跟斗，这是无可避免的事。也许孩子学业成绩优异，却无法通过筛选，进不了篮球队，或是因为五音不全，而不能进入乐队（我就有这种经验）。

现在，正如我所说的，父母可能知道这不算什么，又不是世界末日。但是这条法则之所以列在（危机篇）的理由是，对孩子而言，这可能是重大危机。况且，如果孩子所有中学测试的科目，大部分不及格，这也可能成为父母的危机。但是如果父母想要帮助孩子调适良好，即使私下窃喜孩子没有入选篮球队，你还是得以孩子的方式看待

．

这件事。

如果你告诉孩子"这件事不重要"，"真的没有关系"，他们可以再接再厉，也可以尝试别的活动等等，这其实就等于是告诉孩子，他们的感受是错误的，他们不应该生气。轻视孩子的感受会伤害孩子，让孩子感到孤立。这种说法不会让他们想到："喔，对啊，当然没错，我真傻。失败根本就没什么大不了。"

那你该怎么办呢？告诉孩子他们感到绝望是对的，这真的是世界末日吗？这倒不尽然，但是很接近了。你必须告诉孩子，你看得出来他们有多么失望，允许孩子感到不舒服，你并不讶异他们会有这样的感受。要有同情心，理解孩子的感受。你知道吗——给孩子几个拥抱，为他们泡杯茶。如果家里有巧克力饼干的话，递上一片饼干。也许晚餐时，煮他们最爱吃的家常菜，让孩子知道你挂念他们。一旦父母允许孩子低迷一阵子，他们会准备好，开始爬出绝望的深渊。

当孩子准备好时，父母要适时助孩子一臂之力，告诉他们补救之道，但只能视孩子可以接受的时间而定。

无论是5岁的儿子，在运动会没有拿金牌，还是17岁的孩子没有进入心目中理想的大学，如果孩子认为这是一场危机，你也得这样想。

当孩子准备好时，父母要适时助孩子一臂之力，告诉他们补救之道。

95 处理离婚过程，和谐胜于对错

父母离婚或许是孩子最常碰到的重大危机，至少在西方国家是如此。而这条法则是针对正经历离婚的父母（如果没有婚姻关系，则等同协议分手）。我们很容易把离婚视为发生在曾经相守但现已分手的两个人之间的事。当然，你知道孩子也是其中一个因素，但孩子似乎是离婚这颗石子激起的下一波涟漪。

把离婚视为整个家庭事件更为合理，孩子和其他家庭成员一样，都处于事件的中心地带。孩子也许不是下决定的人，但他们置身其中。还有，不管离婚有多少坏处，多数父母选择离婚，是因为离婚至少比勉强待在一起要好。然而对孩子而言，父母离异根本毫无正面意义。离婚在孩子眼中可能是一件最糟糕的事情。

最重要的就是家长在处理离婚的过程中，要做到让这些受到父母战火波及的无助孩子能忍受的地步。父母能做到的事情中，最重要的是尽可能和配偶达成共识。不管是讨论财产分配、房屋处置、孩子的监护权，以及其他任何事情，尽最大的努力达成协议，即使你知道有些事情并不公平。

你完全有理由拿光前配偶的财产，争夺他们所拥有的每一分钱，要求保有房产，请求较高的赡养费等，但事实上，这些都还不及与配偶取得共识更重要。找出友善可行的安排，让孩子回到重建的生活秩序中。

这一点真的很难做到，特别是当你觉得自己未受善待，被前配偶伤害——就我所知，这种想法也颇有其道理。我知道伸张正义与复仇是多么痛快淋漓，但是如果所付出的代价是你的孩子，那还值得吗？当然不值得。这是区别遵守养育法则的父母与非养育法则父母之处。在贸然行事之前，停下来想一想，这样做真的会帮助孩子吗？如果你无法诚实回答："会"，那么请不要这么做。

我知道伸张正义与复仇是多么痛快淋漓，但是如果所付出的代价是你的孩子，那还值得吗？

96　孩子会观看父母如何应对困境，并以此作为参照

这条法则并不是只适用于危机时期，但是碰到危机时，它更重要。你知道大家都说孩子向来把大人的话当耳旁风吗？这话虽然不对，然而，孩子不注意父母的话，更注意父母的行动，这倒是实情。孩子可以迅速侦测到假冒伪善，而且他们对此不会漠视。孩子会以你的行为来评判你。

我所谈论的不仅仅是指负面的言辞和行为。举个例子，假设你能理解大哭一场对发泄情绪的好处，但尽管你常常这样告诉孩子，如果孩子看见你经历创痛，却从不掉眼泪，那孩子会发觉自己很难照着你的话做，因为你的所作所为并不支持你所说的话。如果哭泣真的可行（这当然没问题），那就做给孩子看。让孩子看见你满脸泪水，却不因此而尴尬。

我有两个朋友，几年前因丈夫失业，家庭落入困境。他们夫妻一直告诉两个青少年孩子，他们不会因为比别人穷而觉得丢脸，也不会因为不能像其他朋友能拥有某些物品而心生不平。有一次，他们全家和一些很有钱的朋友一起外出午餐，但这对父母把车停在街角，让主人不会看见他们开的是一部老爷车。我可以向你保证，他们的孩子立刻洞察这种假冒伪善的行径。这点我知道，因为告诉我这件事情的人，正是他们的孩子。

这是父母常说的那句经典名句："说一套，做一套"的好例子。这样对待孩子，真是不可原谅。如果父母自己做得到，就做，如果自己做不到，那为什么苛求孩子？

你的孩子会观察，面对困境你是如何应付的，以此作为他们的参考。不管父母表现出嫉妒、生气、自艾自怜、争吵、失控、羞愧，还是干脆放弃，孩子长大后会相信这些是可接受的行为模式，尽管你的教导或许与之背道而驰。然而如果父母的行为有尊严、正直、有人道精神、深思熟虑、有勇气，这对孩子的影响远胜过你所说的任何话。

你的孩子会观察，面对困境你是如何应付的，以此
作为他们的参考。

97　永远以儿女为优先，不要沉溺于自怜自艾的情绪中

你知道孩子是最重要的，他们当然是最重要的，但是孩子知道吗？在大多数的情况下，给孩子爱与关怀并不难，但是当父母的心思和情绪都停在别处时，事情就变得有点困难。当在应付天大的烦恼、面对压力、悲伤时，如果你还能记住把孩子放在首位就不太容易了。

在生活阴霾的时刻，你对孩子的注意力和耐心的程度会受到挑战。突然间好像很难找出时间，为孩子读床边故事，亲热依偎一下，更别提带孩子出门购物或是找时间看他们练足球。情况最坏时，你对孩子会突然不像平常一样在意。当你饱受压力，情绪紧绷时，也许孩子会比往常更容易受到斥责，容易感受到你的不耐烦和暴躁。

我知道你对此也没有办法。生活中的某些事务占据你所有的时间，让你变得易怒，令人避之唯恐不及。假设房屋快被查封或是自己

的母亲身患绝症、快被老伴炒鱿鱼、孩子住院，你当然无法像平日一样轻松愉快。这时候也没有人会期待你会像往常一样。

有些危机很快就会过去，但有些会持续数周、数月，甚至几年。通常在这种时候，能把自己照料好就够你忙了，但是把孩子摆在第一位也可能是对你最好的方法，把焦点放在自身以外，让自己不至沉溺于伤痛中，这也是让自己继续奋战的力量。

其实，让孩子真正知道，在你心中他们是第一位的，最好的办法就是你要确定孩子的确是你的第一位。如果你沉溺于自怜自艾的情绪中，总是只想到自己，孩子会看得出来。无论有天大的理由让你痛苦，如果你把自己看得比孩子重要，孩子直觉上就会知道。如果这非你所愿，你希望孩子知道他们对你的重要性，那你就要让孩子感受到。在某种程度上，他们会理解的，也许他们有时候会抱怨你都不像以前一样，会做这个，做那个，但是在他们的内心深处，他们会知道，他们仍是你最在乎的。

如果你沉溺于自己的悲痛中，却偶尔对自己说："孩子当然是最重要的。"那根本没有用，对事情毫无帮助。但是如果在你所做的每个决定中，都优先考虑到孩子，如果你确定，即使在你最艰难的时刻，孩子多数时候还是受到照顾，他们自然知道你有多爱他们，也会因此而获得信心。

如果你沉溺于自怜自艾的情绪中，总是只想到自己，孩子会看得出来。

98　你不是万能的，碰到重大挫折不要苛求自己

　　这是一个难题。父母最希望孩子们打理好一切。如果孩子受到伤害，我们亲吻孩子，希望他们早日复原。如果孩子遇到麻烦，我们帮助他们理清头绪。孩子伤心，我们给孩子一个拥抱。如果有人对他们有恶意，我们就挺身而出。

　　但有的时候，孩子必须面对父母无法替他们理清头绪的重大事故。无法帮助孩子的无力感令人害怕。人生很少有比眼见自己的孩子受苦，却无法为他们解除痛苦更糟糕的事情。但是这些事情无可避免，总会发生。当有人去世，不管孩子有多么想念他们，多么爱他们，人死无法复生。有时候孩子生病，却无法完全康复。有时候双亲之一抛家弃子，无法在孩子身边善尽应尽之责。

　　孩子们要学习的重要的一课就是：天有不测风云，人有旦夕祸

福，有时这会叫人束手无策。当孩子还小的时候，这是很难面对的艰巨一课。看着孩子学习这些人生苦难，可能令人心碎，但这是人生必经之路。或早或晚，连父母也无法控制人生苦难何时降临。父母能做的就是安慰孩子，帮助他们安然渡过，但是你却无法阻止伤害的发生。

所以，这条法则讲的就是，父母要接受自己的无能为力。这不是你的错，也没有人能比你做得更好。这只是一次不愉快的经历，仅此而已。不要苛求自己，因为没有必要，你已经够为难了。在看着孩子痛苦的同时，你自己大概也承受着痛苦，真的无须再给自己找麻烦。安慰自己，给自己些许同情（也许可以吃点巧克力解忧）。

记住，孩子不会期待你创造奇迹。孩子并不笨，他们会知道，父母也会无计可施。父母当下能做的就是给孩子爱，给孩子许多拥抱。现在就行动吧，这也许会让你们彼此都觉得好过一点。

父母要接受自己的无能为力。这不是你的错，也没有人能比你做得更好。

父母没有退休之日，这是一份终生的工作，并且没有退休金。即使你活到 100 岁，孩子终究是孩子，如果你恪尽职守（你当然会做到），孩子就会渴望得到你的认可与支持。

然而，他们并不希望被当成小孩子，即使在你眼里，他们仍是小孩子。所以，你要想办法和他们建立起成年人的关系，但依然保留为人父母的空间。这是很微妙的平衡，但是我认识很多父母，他们的任务都完成得很漂亮，所以我知道这是办得到的。

以下就是我多年来总结出的最好法则，确保你在儿女年过 40 以后，仍然能够扮演模范父母，一如在孩子 4 岁到 14 岁之时。

长大成人篇

99 放手吧，让孩子学会独立思考

你有 18 年的时间将你的孩子塑造成你预期的样子。我的意思不是叫父母要帮孩子寻找职业出路，成为一名顶尖的律师、医生、足球运动员或是其他职位。我指的是，父母有 18 年的时间教会孩子所需的技能，装备他们，让他们拥有幸福的人生。

好了，时间到。你已经花了 18 年的时间，现在该放手了。如果孩子到现在还没学会某些技能，那为时已晚。此刻开始，要靠孩子自己了，你再也无法干预。如果你看见孩子从事令你不悦的事情，你会很难过。不过你以前早该想过这点，朋友，你已错失良机。

只剩下一件事是你仍然可以教导他们的，那就是，教孩子自立自强，不再依赖父母。而你教会他们这件事的方法就是，放手。如果你不给孩子机会，让他们学以致用，那过去整整 18 年的时间就都白费

了。除非你放手让他们自己去做，要不然你教孩子自立、独立思考、自己做决定等有什么意义？

你知道吗？做一名遵循养育法则的父母，如果你能做到我所预期的一半，那么你不管孩子时，他们还是会过得很好。如果你一直干涉他们的生活，你就是表明：我没有做好我的工作，你们仍然需要我的帮助。

此外，我们都知道如果父母干涉子女会发生什么。最好的情况是过度保护，而最糟则是具有破坏性的，这样将使你无法与成年子女维持好关系。你每一次介入孩子的生活都是对他们宣告，他们没有能力自力更生。这对孩子的自信心毫无益处，而我也不认为事实会是如此。孩子可能无法舒适地过起你想要他们过的生活，但是如果你是一名还不错的遵循法则的父母，你应该不会这样做。

当然，到了 18 岁，我们也没有停止学习，我希望你的孩子还会学习许多人生功课（也许父母亦然）。但愿如此，否则他们的人生会很乏味。然而，现在孩子必须从别处学习这些功课，我不知道他们会从何处学习，现在这得靠他们自己了（这就是重点所在）。孩子可以选择自己要学些什么，以及怎样学、跟谁学。

从现在开始，父母在孩子的人生历练中，只是扮演一名配角。事实上，父母这名配角的距离甚远，以致孩子甚至无法注意到你的存在，因为父母现在唯一的工作就是放手。好啦，我想你明白我的重点所在，所以，我也要就此打住了。

你已经花了 18 年的时间，现在该放手了。如果孩子到现在还没学会某些技能，那为时已晚。

100 等孩子提出请求，你只要提出适当的建议

读完上一条法则，你可能会感到困惑，如果孩子征询你的建议时，你该怎么办？这没问题，你可以提供你的建议。

这似乎很简单，根本不值得专门列为一条法则，不是吗？所以你应该注意到了，这就是为什么我没让下半页留白的原因。提供成年儿女建议，有两件需要注意的事项（其实给任何人建议都一样）：

· 除非他们开口请教，否则绝对不要主动提供建议。

· 只就他们请教的事宜提供意见。

如果孩子向你征询建议，他们要征求的就是建议，而不是请求父母对他们的生活方式，就他们的意见和判断加以指导，给予指示或命令，甚至批评他们。他们就只是想听你的建议，就是这么简单明了，而且即使只是寻求建议，父母也应小心行事。

让我们做一个小小的练习吧。假设你的成年儿女征询你的意见，看他们是否应该接受一份特定的工作。父母可以选择以下的回答：

· "随便啦，反正3个月后你就会放弃，就像你做其他事情一样。"
· "傻瓜才不接受。"
· "我就不明白，清洁地毯有什么吸引你的地方。"
· "至少他们不介意你带着那些吓人的鼻环和舌钉去上班。"

我应该不必再告诉你，上述反应都不对吧，因为这实在有辱你的聪明智慧。事实上，你所该做的就是给予建议。事实上，不想冒犯子女的最好方式是问他们一些问题："这个工作吸引你的地方是什么？"；"以后有什么升职机会？"；"上下班的交通时间比以前长，你觉得怎么样？"就像这一类的问题。换言之，你要帮忙孩子找出他们自己的答案，然后让他们自己做决定。

建议就是这样，不要横生枝节。孩子无须接受你的意见，所以，如果孩子最后下决心，选择与你的建议恰好相反的选择，那是他们的特权。这并不表示你的建议对他们最终的决定没有帮助。不要生气或懊恼，要庆幸你能帮得上他们。

你要帮忙孩子找出他们自己的答案，然后让他们自己做决定。

101　以对待成人的方式对待子女，而不是只有下达指令

如果想和成年的子女建立成人般的关系，你必须用对待成人的方式来对待他们。是啊，我知道这听起来顺理成章，但实际上做起来可能很困难。你花许多年的时间教导孩子，主动提供忠告和意见，管教孩子，所以这已经成为你和孩子互动的自然模式。在你慢慢改变习惯以前，要你不要发言，你可能很难记住。

当然，当孩子还是青少年时，你越早开始放手，到他们成年后就越容易改变。不过即使如此，你还是需要有一个转型。没有人期望你在短时间内就能做对，重要的是，要知道你的最终目标，而且不达目的，绝不轻言放弃。训练自己不要对孩子下达指令，不要告诉孩子你不喜欢他们的穿着，不欣赏他们结交的异性朋友，或是他们对其他事情的品位。

以对待大人的方式对待孩子，有一半的内容在于禁止自己的作为。小至不要告诉他们应该如何应付进退，不要提他们 6 岁大时有多么可爱（那真的太让人难为情了）。

另一半内容则是你必须开始实行的事。跟孩子谈论你会和朋友讨论的话题。父母必须略过代沟，以大人的方式和孩子交往。这表示要重视孩子对气候变化、职业篮球队、下届大选、蒜苗何时该下种之类的意见，就像你重视其他人的意见。

要征询孩子的建议。孩子一定有许多事情懂得比你多，修车、流行时尚、摄影、拼布毯、模型火车、观鸟、制陶——我不知道你有什么嗜好？当然还有日新月异的科技发展，不过我猜，这些年来，你应该已经常常就这一方面征询过他们的意见。

过上一段时间后，这应该会成为你的第二天性。不过一开始，你需要刻意去实践，否则根本就不可能实现。而你一定不了解，当你希望听取孩子的意见，像对待大人一般来对待他们时，他们会感觉多么光荣——除非你的父母也是如此对待你，果真如此的话，你就应该知道，这样做有多重要。

当你希望听取孩子的意见，像对待大人一般来对待
他们时，他们会感觉多么光荣。

　　许多在其他方面很优秀的父母，在这一点上都会犯错。这种想法太诱人，毕竟你最爱的人就是儿女（也许配偶除外，因为他们原本就是你的最佳拍档），所以，你当然希望他们成为你最要好的朋友。

　　但是孩子并不希望父母成为他们最要好的朋友。他们也许还没意识到这点，但是他们不会想要的。我有位朋友十分自豪地告诉我，她是女儿最要好的朋友，而女儿也是她最要好的朋友。她可不是嘴上说说而已，她对待女儿正如她对待好朋友一样，而女儿也以朋友之道对待她。她认为这样非常美好，而我却为她女儿感到遗憾。你瞧，她和女儿都已经有自己要好的朋友，她们的好友众多——无须再增加一位挚友，何况女儿自己还有姐妹。她的女儿真正需要的是一位母亲，这个位置只有一位适当的人选，然而这个人却忙着做女儿的好朋友。

那么，这两种身份差别何在？这个嘛，你会和你的挚友分享一切事物，两人地位平等。你和好友分享你一切的烦恼和恐惧，告诉好友不为人知的想法，好友也如此相待。然而父母是你景仰的人——父母并非高人一等，但却更为成熟可靠。父母是可以保护儿女，关照子女的人，即使子女希望自己永远不需要开口向父母求助。在日常生活中，你们可以喜欢相同的事物，喜欢彼此为伴，但是父母不会告诉子女自己所有的事情，也不会想知道子女的一切。

如果你急于知道孩子们在忙些什么，那该怎么办呢？你要一五一十地告诉孩子吗？你应该告诉你自己的好友。假设你是一位单亲，或者离婚了，然后现在遇到了新的对象，或者你可能正展开一段恋情，你会像告诉好友一样地告诉孩子所有的细节吗？当孩子渐渐长大，你会对儿女述说你有多么寂寞，对家中财务有多焦虑吗？

在上述情况下，你能成为儿女挚友的唯一方法，要不就是不对他们说实话，要不就是在情绪上对他们造成负担。如果你告诉孩子你很孤单，一个有爱心的孩子会觉得他需要多陪陪你，如果他们对此感到为难，他们会有罪恶感。即使孩子乐意接受这点，这也不是你希望加诸孩子身上的重担。而如果你欺瞒孩子，或是造成孩子情绪上的负担，那么当孩子需要有人安慰，有人倾听他们的难处，或是需要有人指点迷津，找寻可信赖的人时，他们怎么有办法找你帮忙呢？当孩子需要依赖你时，你已经失去做父母的信用了。

我不是说你不能和成年子女维持十分亲密的关系。事实上，我希望你能和成年儿女有很紧密的关系。分享共同的嗜好，彼此轻松对待，共享许多相处的时光。只不过亲子之情与友情并不相同，而我希望你和儿女的亲子之爱更胜友情。

孩子长大成人，必须离开父母，这是他们必须做的事情。企图把儿女拴在身旁，即使是借着友情的维系，对孩子而言，并不公平。而且你知道吗？真正良好的成年亲子关系，真的是十分美好，强过拥有一打的好朋友。所以，干嘛让劣币驱逐良币呢？

孩子长大成人，必须离开父母，这是他们必须做的事情。

女儿高中毕业后进入大学就读。她所选的大学在曼彻斯特（Manchester），我记得我还陪她去参观学校，希望她不要选择这所大学就读，但是她还是执意选择这所学校。她在乡下长大，我无法想象她到离家这么远的大城市就读。但是我没有告诉她这些想法，我只是尽可能地鼓励她，做出她自己认为最好的选择。我很庆幸自己当时的做法，因为我的想法完全错误。她后来在那里过得很好。

如果你认为孩子所做的每个决定，从就业、择偶，到养育子女，都会很睿智，那是愚蠢的。但是子女成年了，他们很可能做出和你一样正确的选择，也可能他们所做的决定比你还正确，因为他们对自己的了解比你对他们的了解更深。而我前面所描述的例子，正好给你一个好理由，说明父母为什么应该保留自己的意见，尽可能鼓励孩子：

否则当你的说法出错时，你会显得很傻。

当然，有时候你是对的。但是，如果孩子做出不良的选择，那孩子就更有理由需要你的鼓励和支持。毕竟，你如果遵守养育法则第 99 和 100 条的话，你就不会告诉孩子，你不认同他们的选择。所以，不如就支持孩子的决定吧。关键在于：这是孩子的人生，孩子的选择。如同我们前面已经说明的，父母仅有的选择是，支持孩子或是反对孩子。

要支持孩子还有一个好理由：这表示当事情出差错时，你常常会忍不住说出："我早就告诉你了。"我希望你明白，在任何情况下，这是最不该对孩子说出口的一句话，说这种话简直不可原谅。

如果知道父母不支持他们的决定，有些孩子会非常不高兴，而有些孩子会很叛逆。如果孩子觉得你对他们施压，他们会做出与你所愿背道而驰的事情。即使孩子没有走上这两种极端，即使孩子已经离家独立了，他们仍然想知道，父母是支持他们的。这就是为什么父母不能只是抱持无所谓的立场，父母需要积极鼓励孩子。

那如果你真的认为孩子错了呢？没关系，偶尔犯错也没关系。你并不是鼓励孩子犯错，你是鼓励孩子做出他们认为最好的选择，不管最后是对还是错。

这是孩子的人生，孩子的选择。

如果你幸运，你的孩子会选择一名出色的、有魅力的伴侣，你会和他（她）相处融洽，高兴地欢迎他（她）加入你们的大家庭。但别抱有太多奢望。如果他们的确找到了极好的伴侣，根据墨菲法则他们十有八九会分手。

如果你有两个或更多子女，那么可能至少有一个会选择一个你不太喜欢的伴侣。也许你会发现这个家伙很难对付，或者有点招人烦。也许你得费尽力气与他（她）相处。

发生这种事很难应对，真的很难。但是，如果你信任自己的孩子，那么你就应当相信他们会为自己选择最好的伴侣。他们并不是在给你找对象，当然他们也不应当干涉你的感情生活。他们最大的快乐就是他们的决定不会影响到你的心情，因为他们想要让你开心。所以，你要隐藏起自己的观点，给孩子支持，无论是你很难喜欢上这个新的家庭成员，还是担心他们老了以后不会幸福、会离婚、是同性恋、是外国人或者已经有了孩子。

我可以向你保证一件事。无论明说还是暗示，如果你清楚地表明你不喜欢孩子选择的伴侣，那么你就会把情况弄得更糟，无论是对于你自己，还是对于周围的人来说都是这样。你可能会发现孩子和你更疏远了，和你在一起的时候变得局促不安。而你也无法让事情有所改变。

如果你的孩子足够理智，他们会让自己的感情按照自己的轨迹或分或合，而不是被你的看法所左右。我知道有的人甚至为了证明父母是错的而勉强维持一段感情。你的反对不会让他们分手，只会让孩子不开心。难道这就是你想要的？如果他们真的分开了，你的孩子会埋怨你。难道这就是你想要的？当然不是。这就是为什么你没有选择，只能闭上嘴，保持微笑。

但是，也有好消息。虽然你不能根除麻烦，但是有个法子能够缓解一下。这个法子能使你和孩子以及他们的伴侣的关系尽可能的融洽，能保持你和孩子的亲密关系。大概你能猜到这是什么法子……

　　没错！尽可能热情地欢迎他们，让孩子的伴侣感到自己是家庭的一员。多注意你喜欢他们的方面（他们肯定是有优点的），尽量不去想你不喜欢的方面或担心的事情。看看他们是如何让你的孩子感到快乐的。也许他们有时会惹你生气，但是你自己的孩子、你的伴侣、你的父母不也是这样吗？我敢说，你有的时候也会惹他们生气。如果你的思想和行为都积极乐观，你就会感到更加积极乐观。

**　　如果你信任自己的孩子，那么你就应当相信他们会为自己选择最好的伴侣。**

105　提供孩子帮助，不要有附加条件

我有一位朋友，出身富裕的家庭，父母以低息贷款的方式帮她买了一套房子。最近她决定出售房屋，搬到外国，在瑞士某地另买房子定居。当她决定出售她的房子时，家人告诉她，他们要中止贷款给她，因为他们不赞成她的决定。然而，如果她搬到家人认可的地方，那他们就愿意继续提供贷款给她。

千万不要对孩子做出这种事情。这像是在施恩惠，在控制，如果我再认真想下去，我会非常愤怒。父母可以给孩子钱，也可以不给孩子钱。如果你不信任孩子，请放手，让他们自己去谋生；若父母信任孩子，给孩子一笔钱，那就让他们拥有那笔钱，做他们想做的事。但是不管在任何情况下，父母都不应该借着有附加条件的馈赠，企图掌控孩子的生活，不管父母的馈赠是金钱还是其他事物。

　　遗憾的是，我认识一些父母，他们用各种手段，控制孩子的生活。金钱是最常见的（另一项在法则第 106 条）。有的祖父母为孙子辈付学费，但孙子一定得上他们指定的学校；或者他们帮忙付购房或购车的款项，但房子和车子的选择得获得他们的认可。

**　　但是不管在任何情况下，父母都不应该借着有附加条件的馈赠，企图掌控孩子的生活，不管父母的馈赠是金钱还是其他事物。**

106 父母本身要独立，就会让孩子无后顾之忧

这是某些父母用来控制成年孩子的另一个手段：负罪感。一些父母对此大做文章，但我的孩子很敏感，即使是稍微要他们感到有所亏欠，他们也能察觉。

最常被拿来炮制负罪感的话题是孩子对父母关心的多寡。类似这种批评："你姐姐每星期都会打电话来。""我知道你周末总是忙得不可开交，我也好希望能像你那么忙。"其目的都在于让孩子对于没能多花时间和父母相处感到亏欠。甚至像"噢，以后你离开家，我会觉得很孤单。"也是一样。

瞧，让我们直说吧。孩子可是一点都不亏欠父母。我不在乎在孩子前18年的生命里，你为他们花了多少心血，流多少汗，掉多少泪。孩子没有要求诞生人世，是父母选择生儿育女，所以，父母有责任付

出一切的努力。父母亏欠子女许多，而子女对父母则一无亏欠。所以，如果父母让孩子有一种在时间、关怀、金钱，或者任何事物上亏欠父母的印象，真是很要不得的。

当然，如果你是一位遵循养育法则的好父母，孩子会想要为你付出。而孩子其实并不亏欠你的这个事实，会让他们选择对你付出的这件事弥足珍贵。孝顺的儿女会在父母的晚年照料他们，因为父母过去的付出，而且因为子女爱他们。有些儿女照料父母乃出于负罪感，自己并不情愿，他们也因此而讨厌父母，这可不是为人父母者所期望的。父母希望儿女花时间和父母相处，来自儿女的关怀，都是出于儿女自愿，因为他们觉得值得为你这么做。但是父母如果以负罪感加诸子女身上，那你就永远得不到这种待遇。

我真的听朋友说过这种话："我这个周末一定得去探望我老爸。我已经一个月没见到他了。"或者，"我今天晚上会很忙，我妈妈每个星期三晚上都会打电话来，我每次至少得花上两个小时的时间，才有办法让她挂电话。"也许你自己也说过类似的话，但是你可不想要你的孩子谈论你时也是这样的口吻。你期待他们说："我这个周末真的很想去看看我爸妈，可惜办不到。"或是，"我大概有几个星期没有和我妈妈说上话了，我真的很想和她好好聊聊。"所以，不要让儿女有负罪感，因为不管孩子出于负罪感能为你付出多少，抛掉罪恶感，他们会加倍付出，而你也会知道，他们是心甘情愿的。

事实上，你所能给孩子最棒的礼物就是独立。不是子女独立，而是父母独立。如果父母在情绪上、社交上、经济上独立，你就让孩子无后顾之忧。这样一来，儿女为你所做的每件事都是出自他们对你的爱。

父母有责任付出一切的努力。父母亏欠子女许多，而子女对父母则一无亏欠。

107 无论发生什么，你永远在身边支持他们

随着孩子一天天长大，童年时期渐行渐远，他们对你的需要也越来越少（因为父母的养育工作做得太棒了）。不过孩子还是有需要父母的时候。当然这可能和孩子需要金钱支援有关，特别是在开始的头几年。也可能孩子有事请教。也许他们想请父母帮忙看一下小孩，或在他们外出度假时，照料一下他们养的狗，帮忙园艺；或者他们想要对卖房子、写履历表、买车比较有经验的人给他们点意见。

然后还有一些无形的原因，让孩子仍然希望获得到父母的赞同。他们想要你看看他们的新居、看看他们刚出生的宝宝、看看他们才刚改装完成的露营用旅行车。虽然他们可能也会邀请其他朋友，但是两者不能相提并论。孩子小时候常常向父母展示他们的画作和堆成的沙堡，试穿新衣给父母看。这就和当时一样，只是物品体积变庞大了。

他们需要父母肯定他们的成就（你当然不能揭穿这个理由，你的子女也不会承认的）。

当然，有时候他们会遇到真正的大事，需要你帮忙。预产期提前，请你救急，照料家小；经历婚变，需要支持；孩子病得很严重，需要帮手；房子淹水，需要找地方借住。这就是当孩子遇到那些需要有人能为他们放下手边一切事务，无须多做解释。如果你是一名遵循养育法则的父母，孩子会知道，当最糟糕的状况发生时，你会毫无怨言，没有怒气（也不让他们觉得有所亏欠），在身边支持他们。

正如罗伯·弗洛斯特（Robert Frost）所说："家就是这样一个地方，当你们需要时，家人就会全心地接纳你们。"这就是父母必须为孩子做的（别忘了加上一点热情）。好父母很荣幸自己能成为孩子的第一线救援，庆幸自己能在危急时刻帮上忙，不会抱怨孩子让自己的生活受到干扰。

孩子成年后，越来越不需要父母帮忙。也许他们常年下来，都不会有什么了不得的事情要你帮忙，但不要因此就傻到以为孩子不再需要你，因为他们还是需要你的。孩子永远需要父母，不过千万不要让他们知道你知道这点。

家就是这样一个地方，当你们需要时，家人就会全心地接纳你们。

108 孩子如果发展不顺利，这不是你的错

有些人的生活一帆风顺，有些人却辛苦一辈子，他们为什么会辛苦度日呢？有时原因有迹可循，有时候却毫无明显的缘由。不过，这通常与他们的天性有关。

我知道有一些人的成长背景非常糟糕，你一定也认识一些这样的人，出身困苦。他们可能被忽略、受虐待、有悲惨的背景等。其中有许多人当然无可避免地会受到创伤，但有许多人却愈挫愈勇。我认识一位没有双手的人——他在青少年时期，因病截肢——他是一位你所想得到的最乐天知命的人。我也认识一些有类似悲惨童年的人，长成理智而乐观的成年人。我知道一些不正常的家庭，有些孩子长大后不断惹麻烦，而有些孩子却出淤泥而不染。反而言之，我认识有些出身好家庭的人，他们酗酒、吸毒，甚至有心理问题。

　　我不得不说，据我所知，有问题的成年人中，出自不正常家庭的要比出自稳定背景的多。我认识的这些问题成年人中，也有许多是来自良好家庭，拥有优秀父母的人。毕竟父母只是导致成人问题的可能因素之一，孩子为什么出现内在或外在的问题，还有其他各种原因，超出父母的控制。

　　如果你知道，自己已经善尽做一名遵循养育法则父母的职责（记住，你本来就不可能完美无缺点），如果后来事有差池，这不是你的错。如果你的孩子抑郁寡欢，无法维持长期的人际关系，依赖酒精成瘾，到 35 岁还是找不到工作，不要太过自责，这不是父母的错。如果他们还是一名婴儿，整夜待在雨中，那这就是你的责任，但是如果孩子长到 30 岁，流落街头，风餐露宿，那就不再是你的责任了。

　　甚至有些时候，你觉得别无选择，得把孩子拒之门外。现在流行的名词叫做："爱之深，责之切"（tough love）。当然，有时候这是仅存的选项，但要紧的是，孩子必须知道你只是在等待机会，只要你办得到，你就会再次打开大门迎接他们。也许孩子正经历人生困难的关卡，而你是全世界唯一一个依然愿意对他们敞开大门的人。所有的朋友可能都离他而去，但你还在他们身边等待，仍然让他们知道，有人永远爱着他们，永远在身旁支持他们。

　　负罪感是一种自私和任性的情绪，而能帮助自己也帮助孩子的最好办法是，不要沉溺于可能都是你的错的这种想法。要接受这并非全是父母的错，转而把重心放在你如何支持孩子上面。忘记过往，专注当下。没错，即使在凌晨两点，你因为忧心孩子无法入眠时，也不要让自己朝这方面多想。我知道这很难办到，但有负罪感于事无补。还有，事实上父母感到有负罪感可能不是因为这全都是自己的错，而是因为害怕孩子的处境可能是因为自己有错。但如果你是个还算不差的父母，这不是你的错。诚如养育书籍的作者与养育专家史蒂夫·比得夫（Steve Biddulph）所言，"父母的职责只在照顾子女，直到子女能自力更生那天为止。"

如果你的孩子抑郁寡欢，无法维持长期的人际关系，依赖酒精成瘾，到 35 岁还是找不到工作，不要太过自责，这不是父母的错。

109 一日为父母，终身为父母

　　这本书已近尾声，收集了整整109条法则，最后这条法则是，为人父母其实永无止境。作为一名遵循养育法则的父母，你将与另一位很优秀的人建立起一种无与伦比的美好关系，亲子关系与其他的人际关系截然不同，终其一生，亲子关系为亲子双方带来欢乐与慰藉。经过多年的辛勤耕耘，臭尿布，吵吵闹闹的日子，杂乱的环境，青少年的抗争，无眠的夜晚，还有其他杂七杂八的事情，这就是收获。而且我可以向你保证，所有的努力都很值得。

　　你会突然间发现，成年的子女喜欢和你相处，乐于与你为伴，也喜欢听取你的意见。如我们所知，虽然他们不喜欢聆听你的建议，但心中还是希望获得你的认可。但是这并不重要，因为在任何情况下，你仍然会对他们的生活方式感到欣慰。我所认识的有成年子女的模范

父母，他们都会花时间谈到自己欣赏子女身上的特质，以及他们多希望自己在同样年纪时，也能和子女同样自信有条理、风度翩翩、思绪清晰。他们没有丝毫的羡慕或嫉妒，遵守养育法则的父母谈论此事，言语间流露出的满是骄傲。

好了，等你到了这个阶段，发现自己想到儿女是多么不可思议、令人刮目相看、杰出的人时，别忘了称赞自己一下。没有你，孩子就不会这么优秀。

作为遵守养育法则的父母的一份快乐是，儿女会永远爱你，而你对此心知肚明，深信不疑。有一天，当你需要依赖他人的时间终于到来时，你的孩子正等着回报你多年来所给予他们的爱。不是因为他们必须这么做，不是因为他们亏欠你，不是因为你开口要求，不是因为孩子觉得他们有义务，单单只是因为他们自己想要这么做。

儿女会永远爱你，而你对此心知肚明，深信不疑。

译者后记

本书作者以轻松、话家常的方式讲述了孩子成长过程中的探索和经验总结。这109条法则数目看似惊人，但内容既没有一板一眼的说教，也没有拖泥带水的累赘描述。相反地，书中引用许多简短的实例，点出每条养育法则中耐人寻味的思考触角。

在翻译的过程中，作为第一个受益者，我们学会了面对孩子时应该如何想，如何做。在孩子的成长中，许多家长是非常渴望学习的。这些年来市场上一直不缺少家庭教育方面的图书，我们也读了不少相关书籍。这些书，有的让人受益匪浅，但大多数令人失望。家庭教育非常重要，家长们确实需要一些好书来指导自己的行为。本书是一本英国人写的教育的书，比较而言，国外更重视对孩子个性的尊重和引导，这也是我们国家非常欠缺的。儿童作为一个独立的个体，家庭是他的第一教育场所，一个人如果没有获得好的家庭教育，学校教育多半很难在他身上取得成功。

　　事实告诉我们没有一位成功的父母是天生的，相信此书必将带领为人父母者在不断学习和摸索中，与孩子共同成长！愿天下父母能够感受到养育儿女的幸福！

　　非常感谢王彬、张云峰、王靖国、赵瑾、崔思成、宋佳、刘宇、刘畅、高婷婷、欧阳嘉艺、李成、于燕对本书内容的校对和文字润色工作。有翻译不当之处还请读者不吝赐教。

译　者

2014 年 10 月